KB013200

인공지능과 인간의 대화

스마트 스피커가 그리는 AI 플랫폼의 미래

인공지능과 인간의 ── 대화

김지현 지음

미래의
창

디지털 기술은 우리에게 환상을 가져다주기 쉽다. 한때 열풍이 불었던 욕망의 기술인 블록체인이 만든 비트코인이나 훨씬 전에 위성을 활용해 전 세계 어디서나 전화 통화를 할 수 있다던 IMT-2000(유무선 통합 차세대 통신 서비스)이 그랬다. 그러나 모든 꿈이 실현되지는 못했다. 우리의 환상 그 이상을 실현해줄 것 같은 AI는 과연 우리에게 어떤 이상을 심어주고, 그 이상 중 어떤 것이 현실이 될까?

사실 AI는 만능이 아니다. 다만 인터넷이 우리에게 가져다준 이상의 실현처럼 틀림없이 사회문제 해결과 기업의 사업 혁신, 더 나아가 개인의 편의를 도모해줄 수 있는 지점이 있다. AI를 활용해서 우리의 꿈을 실현하기 위해서는 AI를 도구로써 활용하기 위한 기본적인 이해가 필요하다. 그 이해를 위한 첫걸음이 바로 우리 일상에서 AI를 직접 사용해보는 것이다. AI를 삶 속에서 체험하면서 AI 기술을 이해하면 이를 사용해 비즈니스 혁신 기회와 사회적 가치를 높이는 방법을 찾는 역량이 커질 수 있다.

2020년 전 세계를 강타한 코로나-19 팬데믹 이후 각 산업 분야에서 디지털 트랜스포메이션 바람이 불고 있다. 그 패러다임의 변화를 이끄는 중심에 AI 기술이 있다. 특히 비대면 접촉 서비스와 언택트untact 비즈니스가 확산되면서 키보드를 타이핑하고 마우스를 클릭하며 화면을 터치하는 접촉식 인터페이스에서 음성을 이용해 AI 어시스턴트를 호출해서 기기를 조작하고 인터넷을 사용하는 비접촉식 인터페이스에 대한 수요가 커질 것이다. 컴퓨터와 스마트폰이 우리 일상에 스며들며 가랑비에 옷 젖듯이 웹과 모바일 비즈니스가 성장한 것처럼 AI 역시 일상에서 새로운 디지털 플랫폼 비즈니스의 기회를 만들어갈 것이다. 이 변화는 개인의 일상을 넘어 사회와 기업, 산업의 변화와 혁신을 만들어낼 것이다.

또한, 수요 예측 기반의 생산과 재고 관리, 자동화된 물류 운영과 온라인을 활용한 비대면 서비스의 고도화에도 AI가 실질적 도움을 준다. 전 세계인의 발을 꽁꽁 묶은 코로나-19로 인해 재택근무, 재택수업, 재택놀이가 사회 트렌드가 되면서 반사 이익을 본 사업이 온라인 커머스와 배달, 게임, 그리고 줌ZOOM과 같은 화상회의 툴, 넷플릭스 등이다. 이 같은 서비스를 고도화하고 효율적으로 운영하는 데 AI가 차별화된 경쟁력을 제고시켜준다.

　이러한 AI는 우리 일상에서 개인이 사용하는 Front AI와 기업의 비즈니스에 도움을 주는 Industrial AI로 구분된다. 기업에서 AI를 사업의 생존과 성장에 사용하기 위해서는 우선 AI에 대한 이해가 필요하다. 이를 위한 가장 손쉬운 방법은 Front AI를 직접 일상에서 경험하는 것이다. 그 시작이 바로 AI 어시스턴트를 탑재한 스마트 스피커다. 이 Front AI가 웹, 모바일에 이어 새로운 인터넷 플랫폼으로서의 비즈니스 기회를 만들어 낼 것이다.

　2000년대 웹과 2010년대 모바일이 그랬던 것처럼 2020년 대에는 AI가 우리의 꿈을 실현하는 데 마중물이 될 것이다. 단, 그것을 몽상이 아닌 현실로 만들기 위해서는 AI를 이해하고 이를 써먹을 수 있는 역량이 필요하다.

　이 책에서는 AI를 사업에 활용하기 위해 필요한 Front AI를 일상에서 경험할 수 있는 안내와 B2C Front AI 플랫폼 비즈니스에서 새로운 사업 기회를 포착하는 방법을 소개한다. 컴퓨터, 스마트폰에 이은 제3의 디바이스로서 AI를 우리 일상에 침투시킬 스마트 스피커와 이를 기반으로 한 음성 인터페이스의 성장을 다룬다. 이 과정에서 새로운 비즈니스를 잉태할 AI 플랫폼이 어떤 경쟁 구도 하에 서비스 생태계를 만들고 각 사업 분야의 혁신을 야기할 것인지 설명한다. 검색, 커머스, 광고 그리고 제조, 통신 산업 등이 어떻게 AI를 통해 혁신하고 디지털 기술은 어떻게 기업의 변화를 가속화할지 전망한다. 융복합된 디지털 트랜스포메이션의 변화 속에서 우리 가정과 개인은 어떻게 변하고 새롭게 필요한 역량은 무엇인지를 친절하게 설명하고 있다.

모쪼록 이 책이 독자들에게 AI에 대한 지식과 이를 활용할 수 있는 지혜, 더 나아가 새로운 비즈니스 혁신을 만들어내는 인사이트를 키우는 데 도움이 되기를 기대한다. 개인적으로는 50번째 책을 출간할 수 있게 되어 감개무량하고 자축한다. 긴 마라톤을 끝낼 수 있게 든든한 힘이 되어준 희원, 고단함에도 늘 위안이 되는 범준, 신선한 자극의 촉매제 역할을 해준 재희에게 고마움을 전한다. 그리고 곁에서 한결같은 응원을 해준 가족들에게도 진심 어린 사랑을 보낸다.

2020년 6월

김지현

CONTENTS

10대 사용자

아침 6시 23분, 인천 펜타포트 록 페스티벌에서 흘러나올 것 같은 정신이 번쩍 드는 음악이 스마트 스피커에서 흘러나온다. 엄마가 일어나라고 잔소리하며 깨우는 것보다 훨씬 효과적인 기상이다.

"OK AI, 일어났어"
"OK AI, 이 음악은 뭐지? 내 플레이리스트에 담아줘"

스마트 스피커에 새로운 음악이 등록됐다. 스마트 스피커에서 나오는 오늘 날씨와 학교 시간표를 들으며 침대에서 일어난 재희는 또래 친구들처럼 컴퓨터 게임과 SNS를 좋아하지만 그렇다고 디지털 기기에 관심이 많은 학생은 아니다. 하지만 최근 아빠가 사준 스마트 스피커에는 흠뻑 빠져 있다.

영어 공부를 하다가 모르는 단어가 나오면 스마트 스피커에 물어보면 된다. 매번 스마트폰을 잠금 해제하고 단어를 타이핑해서 검색하는 것보다 훨씬 빠른 속도로 답을 얻을 수 있다. 음성으로 알려주니 자연스럽게 발음도 점검하게 된다. 스마트 스피커 덕분에 공부가 재밌어졌다.

친구들과 연락할 때도 스마트 스피커를 이용한다. 스마트폰 화면에 갇혀 SNS 메시지를 보내지 않고 여러 명을 연결해 함께 수다를 떨 수 있다. 코로나-19로 몇 달 째 학교 친구들을 못 봤지만 통화할 때면 마치 옆에 있는 것처럼 느껴진다.

스마트 스피커로 인터넷을 사용하는 게 익숙해지다 보니 스마트폰도 AI 어시스턴트^{assistant}(인공지능 비서) 앱을 설치해서 음성으로 사용한다. 노트북이나 컴퓨터를 이용할 때도 'OK AI'를 부르면 키보드나 마우스를 이용하는 것보다 훨씬 편리하다. 자려고 침대에 누워 눈을 감고 있다가도 'OK AI'를 불러 공기청정기를 켜고, 전등을 끌 수 있다.

스마트 스피커를 사용하면 할수록 'OK AI'가 점점 나를 이해하고 취향까지 파악하는 것 같다. 이제는 알아서 원하는 것을 처리해줘서 굳이 'OK AI'를 부를 필요조차 없어지고 있다.

40대 사용자

기러기 아빠 5년 차인 범준 씨는 직장 생활 20년 차 팀장이다.

가족과 떨어져 혼자 생활하다 보니 여느 기러기 아빠처럼 몸을 챙기는 게 쉽지 않아 만성피로와 위염을 달고 산다. 아내는 그런 그가 걱정이다.

"여보 일어나"

아내의 목소리가 들린다. 마치 옆에서 아내가 깨우는 것 같다. 시끄러운 알람 소리에 겨우 침대에서 일어났던 지난날들과 다르다. 얼마 전, 그를 걱정하던 아내가 선물한 스마트 스피커 덕분이다. 스마트 스피커를 통해 아내와 아이가 사는 미국 집과 그가 사는 한국 집이 연결되어 있어 언제나 함께하는 것처럼 아내와 아이의 음성을 들을 수 있다.

아내는 세탁기, 에어컨, 전자레인지, 현관 초인종과 열쇠, 그리고 자동차까지 모든 기기를 스마트 스피커에 연결해서 집 안 살림에 대해 모르는 것이 없다. 스마트 냉장고를 통해 냉장고 속 식품들을 확인하고 유통기한이 1주일이나 지난 양배추와 우유를 잊지 말고 내다 버리라고 말해준다. 오늘 저녁은 냉장고에 남은 재료들로 된장찌개를 하라며, 냉장고 도어 디스플레이에 레시피를 보여주기도 한다.

회사 회의로 바빠 택배를 미처 받지 못할 때는 초인종을 누른 택배 기사에게 문 앞에 택배를 두고 가라고 이야기해주기도 한다. 그가 출근한 후 반찬을 가져오신 어머님께 현관문을 열어주는 것도 로봇청소기를 돌리고 공기청정기를 가동해서 습도와 온도를 최적으로 맞춰 집을 쾌적한 상태로 만들어주는 것도 미국에 있는 아내다. 아내는 이 모든 게 스마트 스피커 우렁각시 덕분이라고 말한다.

70대 사용자

은퇴 이후 한적한 지방에 내려와 사는 노부부는 하이테크 기업에 종사하는 아들 덕분에 최첨단 기술의 혜택을 받으며 편하게 지내고 있다. 특히 아들이 선물해준 로봇 강아지는 볼수록 대견하다. 처음에는 거부감이 들었지만, 이제는 한적한 시골 생활에 즐거움을 주는 소중한 존재가 되었다. 로봇 강아지는 실제 반려동물처럼 어쩜 이렇게 할아버지의 마음을 잘 아는지 무료하고 한적할 때면 재롱을 피우며 쓰다듬어 달라고 할아버지가 있는 서재로 달려온다.

여느 강아지처럼 집도 지킨다. 시골 동네다 보니 대문을 열어두고 살기 일쑤인데 외부인이 집을 기웃거리면 이를 알아채고 짖어대며 외부인을 촬영해서 아들 스마트폰에 사진을 보낸다. 로봇 강아지는 노부부뿐만 아니라 노부부의 아들 내외와 사랑스러운 손주들까지 인식해서 손주들이 찾아오는 날에는 대문 앞까지 마중 나간다.

　로봇 강아지가 즐거움을 준다면 스마트 스피커는 일상에 편리함을 가져다주었다. 스마트 스피커 덕분에 장 보는 것도, 병원 진료 예약도, 친구들과의 약속도 잊지 않는다. 할머니가 냉장고 앞에서 내일 찬거리를 음성으로 주문하면 다음 날 새벽에 요리 재료들이 도착하고 병원 진료 예약일도, 먹어야 하는 약도 TV의 커다란 화면에 띄워 소리로 알려주니 얼마나 편한지 모른다. 나이가 들면서 운전하기도 힘들어졌는데 자율주행차가 알아서 운전하니 외출도 자유롭게 한다.

　얼마 전에는 부모님이 도통 전화를 받지 않아 혹시나 무슨 큰일이 생긴 것은 아닌가 걱정이 됐는데 스마트 스피커의 브로드캐스팅 기능(집 안에 연결된 모든 스마트 스피커에 실시간으로 소리를 전달하는 기능)을 이용해서 통화할 수 있었다. 알고 봤더니 아버지는 차에 스마트폰을 두고 왔고, 어머니는 깜빡하고 스마트폰 충전을 잊었던 것이다. 이제는 굳이 전화기가 아니어도 스마트 스피커를 이용해 집 안에 있는 누구든 즉시 연결할 수 있게 되었다.

　스마트 스피커의 AI는 사용자에 따라 사용 목적과 종류가 다르다. 이를 크게 2가지로 구분할 수 있다. 기업에서 비즈니스를 목적으로 사용하는 Industrial AI(산업용 AI)와 일반 사용자들이 일상에서 사용하는 Front AI(개인용 AI)다. Industrial AI는 얼굴과 사물을 인식하는 AI, 자율주행차에 필요한 AI, 새벽 배송을 위해 소비 예측과 최적의 배송 경로를 추천해주는 AI 등이 있고, Front AI는 AI 어시스턴트를 탑재한 기기를 호출해서 사용하는 것이다. 이 책에서는 AI 어시스턴트를 탑재한 스마트 스피커를 포함해 더욱 다양한 기기를 통해서 만날 수 있는 Front AI 플랫폼이 가져다줄 변화와 기회에 대해 살펴보도록 하겠다.

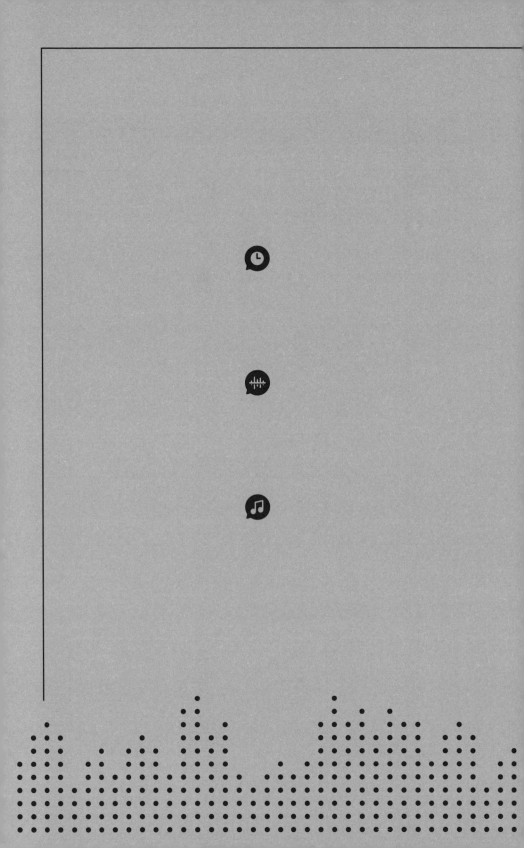

1장

새로운 디바이스의
출현

하루 24시간 동안 우리가 가장 많이 사용하는 기기는 무엇일까? 단연코 스마트폰이 1위일 것이다. 우리는 스마트폰 알람으로 하루를 시작하고 스마트폰을 하다가 잠이 든다. 스마트폰은 우리의 일상에서 유용하게 사용할 수 있는 여러 기능을 제공하고 그 기능은 지속적으로 업데이트되며, 휴대성까지 좋아 우리는 신체 일부처럼 스마트폰을 늘 가지고 다니면서 사용한다. 불과 10년 전만 해도 흔치 않았던 스마트폰이 현재는 전 세계 인구의 절반 이상이 사용할 정도로 대중화되었다. 그렇다면 10년 뒤에는 어떻게 될까? 계속해서 스마트폰 사용이 가장 높을까? 아니면 10년 전과 지금이 다르듯이 스마트폰에 이어 우리가 하루에 가장 많이 사용하게 될 또 다른 새로운 기기가 등장할까?

새로운 기기로 주목받고 있는 것이 바로 스마트 스피커다. 특히 코로나-19 이슈로 비대면 비즈니스, 즉 언택트 사업이 주목을 받으면서 음성을 이용해 조작 가능한 AI 기술은 여러 산업 분야에 적용되어 비즈니스의 기회가 확대될 것이다. 스마트 스피커 역시 가정을 시작으로 여러 공공 영역에서 활용 가치가 커질 것으로 보인다.

3번째 디바이스, 스마트 스피커

스마트폰이 우리의 일상을 지배하게 된 가장 큰 이유는 인터넷이다. 스마트폰 등장 이전에도 인터넷은 있었지만 주로 컴퓨터나 노트북을 이용해야 했기 때문에 휴대성에 한계가 있었다. 스마트폰은 이러한 한계를 벗어나 한 손에 들고 다니면서 언제 어디서든 인터넷을 사용할 수 있게 만들었다. 이후 컴퓨터 이용 시간이 줄어들었고 태블릿이 출시되면서 노트북 판매도 감소했다. 컴퓨터에서 스마트폰으로 주로 사용하는 인터넷 기기가 이동했듯 앞으로 인터넷 기기의 또 한 번의 변화가 찾아올 것이다.

아마존의 도전, 스마트 스피커와 AI

전 세계적으로 스마트폰 사용이 급증하자 아마존도 이러한 흐름에 맞춰 2014년에 스마트폰인 파이어폰을 출시했다. 결과는 대실패였다. 오히려 비슷한 시기에 개발을 시작한 에코(스마트 스피커)와 알렉사(인공지능^AI 음성인식 서비스)가 5년 동안 1억 대 이상의 판매를 달성하며 대성공을 거뒀다. 처음 출시할 당시만 해도 새로운 개념의 스피커에 대한 사용자의 반응은 파이어폰보다 더 싸늘했다. 사람 말귀도 잘 못 알아듣고, 기능도 날씨, 시계, 알람, 라디오와 음악 청취 등 기존 기기들과 큰 차이가 없었기 때문이다. 하지만 6년이 흐른 지금, 알렉사를 이용해

아마존에서 출시한 스마트 스피커 에코, 에코닷(초소형), 에코쇼(디스플레이 탑재)

서 할 수 있는 일들은 8만 가지에 이르고 에코, 에코닷(초소형 스마트 스피커), 에코쇼(디스플레이가 탑재된 스마트 스피커) 이외에도 다른 전자기기에 스마트 스피커가 탑재되면서 그 종류만 해도 150종(2018년 말 기준)에 이른다.

스피커는 원래 소리를 들을 때 사용하는 음향 기기다. 그런데 아마존은 이 스피커에 인터넷을 연결시켜 스피커에서도 사용자가 원하는 다양한 정보를 들을 수 있도록 만든 것이다. 그것이 바로 에코다. 에코에는 사람이 음성으로 내린 명령을 정확하게 인식하기 위해 마이크가 여러 대 탑재되어 있어 복잡한 명령 체계 없이 사람에게 말하듯 음성으로 물어보면 된다. 요청한 명령에 맞는 콘텐츠와 서비스는 아마존의 클라우드인 아마존 웹 서비스AWS, Amazon Web Services에 수집된 데이터를 이용해서 제공한다. 여기서 AWS의 AI와 에코를 연결하고 중재하기 위해 AI 어시스턴트가 사용되는데, 이를 알렉사라고 부른다. 알렉사는 기본적으로 에코에 내장되어 있어서 스마트폰에 AI 어시스턴트 앱을 설치해서 에코에 알렉사를 설정하기만 하면 된다.

성능과 기능이 주기적으로 업데이트되는 기존의 PC나 스마트폰처럼 스마트 스피커와 AI 어시스턴트, 그리고 클라우드의 AI는 계속해서 업데이트된다. 3가지 모두 업데이트가 중요하지만, 알아들은 사람의 음성 명령을 제대로 이해해서 필요한 서비스를 정확히 제공하기 위해서는 클라우드의 AI가 업데이트되는 것이 가장 중요하다. 그래서 스마트 스피커에 탑재된 펌웨어는 사람이 인지해서 선택적으로 업데이트해야 하지만, 클라우드의 AI는 자동으로 업데이트된다. 스마트 스피커에 AI가 설치된 것이 아니기 때문에 업데이트를 개인 사용자가 신경 쓸 필요가 없는 것이다. 지금 이 순간에도 클라우드의 AI는 우리도 모르는 사이에 수시로 계속해서 업데이트되고 있다.

아마존의 에코와 알렉사, AWS의 AI는 이러한 과정을 통해 수년간 진화를 거듭하고 있다. 처음 출시될 때만 해도 초등학생 정도의 수준이었다면 현재는 대학생 정도의 수준으로 말을 잘 알아듣고 명령을 이해해서 사용자가 원하는 다양한 정보를 정확히 제공한다.

스마트 스피커가 가져온 시장 변화

아마존의 새로운 디바이스(스마트 스피커)와 AI 서비스(AI 어시스턴트, 클라우드의 AI)는 AI 플랫폼을 탄생시켰다. 클라우드의 AI와 스마트 스피커에 탑재된 AI 어시스턴트를 다른 서비스와 연동해서 제공할 수 있게 되면서 거대한 AI 생태계를 만든 것이다. 이는 알렉사에 팟캐스트, 라디오, 운세 등 다양한 서비스를 등록하거나 냉장고, 세탁기, 전자레인지 등 다른 전자기기에 알렉사를 탑재할 수 있게 했다. 이런 아마존의 도전은 새로운 정보통신기술ICT 플랫폼과 비즈니스의 기회를 만들었다.

여기서 주목해야 할 점은 새로운 기기를 제조사가 아닌 인터넷 기업이 주도하고 있다는 점이다. 스마트 스피커를 맨 처음 출시한 아마존 역시 인터넷 쇼핑몰이다. 아마존이 데이터와 AI 그리고 AWS라는 클라우드 기술을 가지고 있긴 하지만, 사용자를 대상으로 음성 인터페이스 기반의 새로운 사용자 경험을 제공하는 플랫폼을 만들어 운영한다는 것은 쉬운 일이 아니다. 게다가 스마트 스피커와 AI 플랫폼은 기존에 아마존에서 해왔던 상품을 판매하는 이커머스나 기업 대상으로 솔루션을 제공하는 B2B 사업과는 본질적으로 다르기 때문에 아마존의 도전에 많은 전문가들이 성공을 반신반의했다.

전혀 다른 영역에 진출한 아마존의 도전은 3년이 지나면서 성과로 증명되었고, 음성인식 AI라는 새로운 시장을 열었다. 스마트 스피커가 컴퓨터와 스마트폰에 이어 제3의 인터넷 디바이스로 자리매김한 것이다. 현재 구글의 구글홈과 OK 구글, 삼성전자의 갤럭시홈과 빅스비, 그리고 국내에서는 SKT의 누구와 아리아, 카카오의 카카오미니와 헤이 카카오, 네이버의 웨이브와 클로바가 이 시장에서 경쟁 중이다.

인터넷 기업인 아마존이 스마트 스피커 시장을 주도할 수 있었던 이유는 컴퓨팅 동작 방식의 변화 때문이다. 2000년 이

아마존에 이어 구글의 구글홈과 OK 구글, 삼성전자의 갤럭시홈과 빅스비, 그리고 국
내에서는 SKT의 누구와 아리아, 카카오의 카카오미니와 헤이 카카오, 네이버의 웨이
브와 클로바가 경쟁 중이다. 그 외에도 KT의 기가지니와 지니, LG의 씽큐가 있다.

인공지능과 인간의 대화

전만 해도 서버 측 슈퍼컴퓨터의 역할이 중요했지만 2000년대부터 개인용 컴퓨터와 스마트폰 등 로컬 디바이스의 성능이 강화되면서 로컬 디바이스에 소프트웨어를 설치하고 CPU, 메모리, 하드디스크 등에 파일을 저장하는 방식이 일반화되었다. 하지만 AI 플랫폼은 이와 반대로 컴퓨팅 자원의 대부분을 클라우드에 두고 로컬 디바이스인 스마트 스피커의 자원은 최소화해서 운영한다. 스마트 스피커는 입출력 용도로만 사용하고 시스템의 성능과 기능은 클라우드의 AI가 결정하는 것이다.

결국, AI 플랫폼 시장은 디바이스의 제조 역량보다 클라우드의 AI 기술 경쟁력으로 승패가 갈린다. 아마존, 구글 그리고 카카오와 네이버와 같은 인터넷 기업이 제조사보다 경쟁력이 높은 이유가 이 때문이다. AI 플랫폼 시장에서는 컴퓨터와 스마트폰은 제조사, 그 안의 운영체제는 마이크로소프트와 구글, 서비스는 인터넷 기업이 나눠서 했던 기존 방식과 달리 인터넷 기업이 전체 플랫폼을 다 만들고 있다.

AI 어시스턴트의 보급과 플랫폼화

스마트 스피커의 가장 큰 장점은 가격이다. 컴퓨터, 노트북, 태블릿, 스마트폰 등 인터넷을 연결해서 사용하는 기존 기기들에 비해 가격이 저렴하다. 음질이 좋은 것은 수십만 원이 넘기

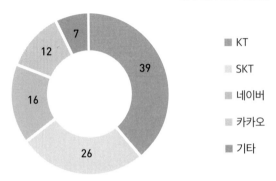

〈 국내 스마트 스피커 시장 플랫폼별 점유율 〉

(단위: %, N=1,415, 복수응답, 2018년 기준)

- KT
- SKT
- 네이버
- 카카오
- 기타

자료: 컨슈머인사이트

도 하지만 간소화된 제품은 몇만 원이면 살 수 있다. 비용 부담이 없기 때문에 스피커 구매 시 AI 기능이 탑재된 인터넷 연결이 가능한 스피커를 선택하는 게 자연스러워진다면 스마트 스피커가 우리의 일상에 자리 잡는 것은 시간문제다. 이미 아마존의 에코는 2018년 말 1억 대 판매를 돌파했으며 구글홈이 그 뒤를 바짝 추격 중이다.

국내에서는 2016년 9월 SKT의 '누구NUGU'가 출시된 이후에 카카오와 네이버가 이 시장에 뛰어들면서 다양한 종류의 스마트 스피커가 출시되었고, 2018년에 300만 대, 2019년에 500만 대 이상이 보급되면서 대중화의 물꼬가 트였다. 5천만 명 인구를 기준으로 1천만 대 이상이 보급되었다는 것은 한 가정에 최소 한 대 이상 그 기기를 보유하고 있다는 것을 의미하므로 컴퓨터, 스마트폰에 이어 새로운 생태계가 만들어진 것이다.

그런데 스마트 스피커는 기존 기기들과 달리 제조사 브랜드보다 스피커에 연결된 AI 브랜드가 더 중요하다. 스피커의 외형이나 가격, 음질보다 연결된 AI가 아리아인지, 헤이 카카오인지, 구글 어시스턴트인지가 스마트 스피커를 고르는 기준이 된다. 스피커는 나중에 다른 제조사 것으로 바꿀 수 있지만 익숙해진 AI는 추후 다른 것으로 바꾸기 어렵기 때문에 AI 플랫폼 기업들이 초기 사용자를 확보하기 위해 자사 AI 어시스턴트가 탑재된 스마트 스피커를 직접 만들어 저렴한 가격에 판매한 것이다.

그러므로 AI 플랫폼에서 중요한 것은 스마트 스피커의 보급이 아니라 AI 어시스턴트의 보급이다. AI 플랫폼의 저변을 넓히는 데 있어서 스마트 스피커는 마중물이며 실제 중요한 것은 AI 어시스턴트의 확산이다. 명령을 알아듣는 스마트 스피커와 알아들은 명령을 이해해서 필요한 서비스를 제공하는 클라우드의 AI는 AI 어시스턴트를 통해서만 연결되기 때문에 AI 어시스턴트의 사용이 많을수록 AI 플랫폼의 영향력이 확대된다.

현재 AI 어시스턴트는 스피커 외에 자동차, 냉장고, 로봇청소기 등 각종 사물 인터넷 기기와 만나면서 AI 플랫폼을 더욱 공고히 하고 있다. 다양한 사물 인터넷 기기를 통해 AI 어시스턴트를 경험한 사용자들은 더욱 편리하게 언제 어디서든 AI 어시스턴트를 사용하기 위해 AI 어시스턴트를 탑재한 스마트 스피커를 구매할 것이고 이러한 선순환 구조는 AI 어시스턴트의 사용을 더욱 증가시킬 것이다. 이에 맞춰 AI 플랫폼 기업들은 기존 스피커 제조사들과의 제휴를 통해 AI의 연결 접점인 AI 어시스턴트를 늘려가고 있다. 구글의 경우 전 세계적으로 OK 구글의 접점 확보를 위해 LG나 소니 등 여러 나라 스피커 제조사들과 제휴를 확대하고 있다.

스마트 스피커는 앞으로 집의 거실, 방, 주방 그리고 사무실이나 자동차 등 우리의 일상 공간에 자리 잡으면서 어디서든 AI와 연결될 수 있는 게이트웨이가 될 것이다. 그렇게 되면 AI 어시스턴트를 스피커에 등록해서 사용하는 개방된 스마트 스피커가 출시될 것이다. 원하는 앱을 스마트폰에 설치해서 사용하는 것처럼 개인마다 즐겨 사용하는 AI 어시스턴트를 원하는 스피커에 등록해서 사용하면 된다. 기기에 구애받지 않고 어떤 스피커든 선택할 수 있다. 지금처럼 스마트 스피커가 특정 AI만 사용할 수 있게 만들어지면 스피커 제조사가 AI 플랫폼 기업에 종속될 우려가 있음으로 제조사 입장에서도 AI 플랫폼 기업들과 대등한 경쟁을 하기 위해서는 어떤 AI로든 변경이 가능한 스피커를 만들어야 한다. 그래야만 다른 스피커 제조사들과의

경쟁우위에서 음질, 디자인 등 성능으로 차별화를 꾀하며 제조
사로서의 경쟁력을 갖출 수 있다.

음성 인터페이스의 진화

노트북에서 키보드가 사라지고 더 경량화된 태블릿이 나올 수 있었던 것은 화면을 터치해서 작동할 수 있는 인터페이스의 진화 덕분이다. 음성 인터페이스의 경우 손톱만 한 작은 크기의 스피커와 마이크만 사물에 내장하면 되기 때문에 기존 기기에 쉽게 탑재해서 AI 어시스턴트를 사용할 수 있는 환경을 만들 것이다. 이는 더 저렴한 방법으로 더 많은 기기를 인터넷에 연결해준다.

강력한 기능의 음성 명령

스마트 스피커는 가격이 저렴하고 작동이 쉬운 사용자 인터페이스로 빠르게 보급되고 있다. 하지만 컴퓨터처럼 복잡한 작업을 수행할 수 없고 스마트폰처럼 다양한 기능을 사용하기에는 아직 역부족이다. 실제 스마트 스피커의 주요 사용자층은 10대 이하와 60대 이상으로 20~30대에게는 외면받고 있다. 복잡한 작업을 할 수 있는 컴퓨터와 다양한 기능을 간편하게 사용할 수 있는 스마트폰이 있는데 '말로 조작한다'라는 새로움만으로는 그들이 굳이 스마트 스피커에 관심을 가질 리 없다.

기업에서는 사용자 범위를 넓히기 위해 스마트 스피커의 기능을 꾸준히 업그레이드하고 있다. 음악 재생이나 간단한 유틸리티 기능을 넘어 스마트홈 서비스 등 강력한 부가 기능을 필요로 하는 20~30대 사용자들의 니즈에 부합하려고 노력 중이다. 그중에서도 한 번의 특정 명령으로 여러 단계의 일들이 한꺼번에 처리되는 기능이 사용자에게 큰 관심을 받고 있다. '루틴' 혹은 '자동화', '규칙'이라고 불리는 이 기능은 스마트폰의 위치를 이용해서 '집 근처 1km 반경(특정 명령)'에 사용자가 들어오면 거실과 방의 불을 켜고, 공기청정기를 가동하며, 집 안의 실내 온도를 25도에 맞추는 것을 한 번에 실행한다. 잠자기 전에 AI 어시스턴트를 호출해서 "나 잘게"라고 말하면 미리 약속해둔 명령을 차례대로 수행한다. 방의 전등과 TV를 끄 스마트 스피커 루틴 기능은 '설정'에서 '루틴'을 선택하면 된다. 루틴 기능을 이용하면 여러 행동을 하나의 음성 명령으로 한꺼번에 처리할 수 있다. 예를 들어 아침에 '좋은 아침'이라고 말하면 미리 지정한 대로 미디어 볼륨을 줄이고 날씨와 출퇴근길 정보를 알려준다.

고 탁자 위 스마트 전구의 불빛을 주황색으로 바꾼 뒤 밝기를 10%로 조정한 후 잠잘 때 듣기 좋은 고요한 음악을 볼륨 3 정도 크기로 재생한 다음 10분이 지나면 자동으로 꺼지게 하는 것이다. 이 기능은 여러 번의 마우스 클릭이나 화면 터치를 할 필요 없이 한 번의 음성 명령만으로 여러 작업을 한꺼번에 수행할 수 있어 다양한 기능과 용도로 인터넷과 컴퓨터를 이용해서 일하는 전문가들에게도 관심을 받고 있다.

최근에는 스마트 스피커에 디스플레이가 탑재되면서 한 단계 더 진화했다. 음성으로만 이용하기에는 한계가 있던 인터넷 서비스를 화면을 보면서 음성으로 조작할 수 있어 훨씬 더 빠른 서비스 구현이 가능하다. 반대로 스마트폰이나 태블릿에 AI 어시스턴트를 탑재해서 음성으로 조작하고 화면을 보면서 인터넷 서비스를 이용할 수도 있다. 하지만 사용자 경험을 비교해보면 이는 스마트 스피커에 디스플레이를 탑재해서 사용하는 것보다 불편하다. 스마트 스피커는 언제 어디서든 부르면 바로 응답하고 화면에 정보를 출력해주지만, 스마트폰이나 태블릿은 우선 내 손에 기기가 있어야 하고 화면을 켜고 인증하는 과정을 거쳐야 한다. 물론 스마트 스피커처럼 음성으로 AI 어시스턴트를 호출할 수 있는 음성인식 기능을 활성화해두면 이러한 과정 없이 사용 가능하지만, 배터리와 시도 때도 없이 켜지는 문제로 대개 이 기능은 꺼두는 경우가 많다. 더구나 스마트폰이나 태블릿은 화면 터치로 조작하는 것에 최적화되어 있어 음성만을 이용한 조작 방식으로는 불편함이 있다.

소음 제거와 인증기술의 발달

스마트 스피커가 갖춰야 하는 기본 기능은 사람의 말을 잘 알아듣고 이해해서 필요한 서비스를 제공하는 것이다. 불필요한 주변 소음을 제거하고 사람의 음성만 정확하게 인식해서 그 음성이 AI 어시스턴트를 호출하는 것인지를 판별할 수 있어야 한

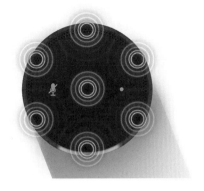

아마존의 에코는 마이크가 2개 이상 탑재되어 있어 여러 방향에서 소리를 들을 수 있다.

다. 이를 위해 스마트 스피커 제조사들은 여러 방향에서 소리를 들을 수 있는 마이크, 불필요한 소음이나 잡음을 제거하는 기능, 사람의 음성과 그 외 소리를 구별하는 기능 등 기술 개발에 힘쓰고 있다. 초기 제품은 1m 내에 있는 근거리 사람의 음성만 인식할 수 있었는데, 지금은 3m 이상의 원거리 음성도 인식할 수 있을 만큼 마이크의 감도가 좋아졌고, 주변의 소음이나 잡음을 제거하고 사람의 음성만 정확하게 인식하는 기능도 개선되었다. 마이크가 2개 이상 탑재되어 사람의 귀처럼 소리의 방향과 위치까지 정확하게 인식한다.

또한, 여러 사람의 목소리 중 특정인의 목소리만 선별해서 인식하는 성문 인식이 가능하다. 이 기능은 스마트폰이 사람 얼굴이나 지문을 인식하는 것과 같은 원리다. 여기에 속도 개선 기술이 적용되어 음성을 인식하는 속도도 점점 빨라지고 있다. 카메라가 내장된 스마트 스피커는 카메라로 주변의 사람과 사물, 빛 등을 인식해서 음성인식만으로는 부족한 부분들을 채워준다. 구글에서 인수한 사물 인터넷 제조업체인 네스트는 '네스트 허브'라는 스마트 스피커 시리즈를 출시했다. 이 시리즈에는 디스플레이가 내장되어 있는데, 시리즈 중 네스트 허브 맥스는 카메라까지 내장되어 있다. 이 제품은 내장된 카메라로 얼굴을 인식해서 화면에 인사말을 띄우고 인식한 얼굴을 기반으로 개인화된 서비스를 제공한다. 아침에 일어나 네스트 허브 맥스 앞에 서면 내 얼굴을 인식해서 내가 설정한 알람, 메모, 스케줄 등이 화면에 나타나고, 다른 사람이 앞에 서면 그 사람에

출처 네스트

구글의 '네스트 허브' 시리즈 중 네스트 허브 맥스는 카메라가 탑재되어 있어 사용자의 얼굴을 인식해서 화면에 인사말을 띄우고 인식한 얼굴을 기반으로 개인화된 서비스를 제공한다.

게 맞는 콘텐츠가 표시된다. 음악을 듣던 중에 손을 올리면 카메라가 이를 인식해서 음악을 멈추는 등 제스처 인식도 가능하다. 아마존의 알렉사는 알렉사에 연결된 카메라가 내장된 초인종 문 앞에 서면 등록된 집주인을 인식해서 열쇠나 번호키를 이용하지 않아도 문이 자동으로 열린다.

스마트 스피커가 이렇게 마이크나 카메라로 사용자를 인식할 때 사용자를 인증해주는 것은 클라우드다. 스마트 스피커에 음성과 얼굴이 입력되면 입력된 정보를 클라우드에 보내고 클라우드에 들어온 정보를 토대로 등록된 사용자인지 아닌지를 확인한다. AI 어시스턴트와 연결된 다양한 사물 인터넷 기기도 이와 마찬가지로 클라우드의 확인 과정을 거쳐야만 로그인된다. 앞으로 이러한 방법으로 로그인하는 것이 일반화되면 인증을 위한 센서와 인증 솔루션의 필요성이 커질 것이다.

입출력 장치의 간소화

AI 어시스턴트와 연결할 수 있는 사물 인터넷 기기는 스피커, 자동차, 초인종, 냉장고, 세탁기, 로봇청소기에 이르기까지 그 종류가 다양하다. 이 기기들은 사용 용도와 크기, 디스플레이의 탑재 여부 등에 따라 사양이 다르므로 명령을 내리는 방법도 제각각이다. 리모컨, 버튼, 화면 터치, 음성 등 여러 방법으로

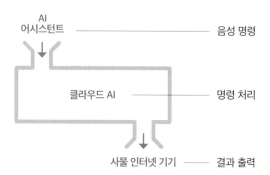

AI 기반의 기기들은 기본적으로 음성을 이용해 명령을 내리고 AI가 이 명령을 자동으로 인식해서 원하는 결과를 처리한다.

명령을 입력해서 기기를 작동하면 명령의 실행 결과도 다양한 방법으로 나타난다. 자동차의 경우 차량에 탑재된 화면에 정보가 보이고, 로봇청소기는 청소기의 동작 상태에 반영되며, 초인종은 문을 여닫는 것으로 결과가 실행된다. 이처럼 모든 기기는 입력과 출력 그리고 프로세싱으로 동작한다. 사물 인터넷 기기도 어떤 형태로든 사람이 기기에 명령을 입력하면 AI 어시스턴트를 통해 클라우드의 AI가 이를 처리하고 여기서 나온 결과를 다시 기기를 통해 출력한다.

이때 입력과 출력을 위한 장치가 복잡하면 이를 적용하기 어렵다. 음성으로 명령을 입력하고 다시 음성으로 결과를 출력하는 방식은 마이크와 스피커만 내장하면 되므로 어떤 기기에서든 쉽고 저렴한 비용으로 적용이 가능하다. 여기에 인터넷에 연결할 수 있는 WiFi나 블루투스와 같은 무선 네트워크 모듈을 내장하면 기기가 인터넷에 연결되어 기존 기기에서는 경험할 수 없었던 인터넷 서비스를 이용해서 더욱 편리하게 기기를 사용할 수 있다.

컴퓨터나 스마트폰처럼 키보드, 마우스, 화면 터치, 모니터 등 거창한 입출력 장치를 가지고 있는 기기들도 있지만 이러한 기기들은 고성능의 CPU나 메모리 등이 필요해 가격이 100만 원을 훌쩍 넘는다. 이에 비해 음성인식 기반의 AI 어시스턴트는 마이크와 스피커만 탑재하면 되고 클라우드가 CPU나 메모리 기능을 대체하므로 훨씬 저렴하고 기기의 경량화가 가능하다. 디스플레이 출력처럼 고용량의 배터리도 필요 없다.

출처 삼성전자

삼성전자 에어컨을 빅스비에 연결하면 리모컨을 찾기 위해 온 집 안을 뒤질 필요 없이 음성으로 조작하면 된다. 온도를 올리고 싶다면 "하이 빅스비, 추워"라고 말하면 된다.

빅스비(삼성전자의 AI 어시스턴트)가 내장된 삼성전자 에어컨은 "하이 빅스비"라고 음성으로 호출해서 에어컨을 켜거나 끌 수 있으며 온도 설정도 가능하다. "하이 빅스비, 추위"라고 말하면 말뜻을 이해해서 자동으로 온도를 올려준다. 리모컨을 찾기 위해 온 집안을 뒤질 필요 없이 모든 것을 음성으로 하면 된다. WiFi로 인터넷에 연결된 스마트 전구는 심지어 마이크도 필요 없다. AI 어시스턴트에 전구

인터넷에 연결된 스마트 전구는 음성뿐만 아니라 AI에 의해 자동으로 켜지고 조도 등이 조절된다.

를 연결하면 스마트 스피커를 통해 음성으로 전구를 켜고 끄고, 밝기와 색깔까지 조작할 수 있다. 스마트폰에 스마트 전구 앱을 설치하면 스마트폰만으로도 조작이 가능하다. 이런 이유로 코로나-19 이후의 시대에는 비접촉식 인터페이스, 즉 손가락으로 화면을 터치하거나 키보드를 타이핑하고 마우스를 클릭하는 접촉 방식이 아닌 음성을 이용한 인터넷 사용과 기기 조작 방식이 더욱 주목을 받을 것이다.

유비쿼터스 시대의 도래

기기와 사람 사이의 물리적 거리는 점점 가까워지고 있다. TV에서 컴퓨터, 컴퓨터에서 스마트폰으로 바뀌면서 우리는 기기를 사용하기 위해 기기에 더 가까이 가야만 한다. 사람과의 거리가 2~3m였던 TV와 비교할 때 컴퓨터는 50cm로 줄었고 스마트폰은 10cm가 채 안 된다. 그런데 음성으로 인터넷을 사용하는 새로운 시대에는 기기와 사람 사이의 거리가 중요치 않다. 거리의 속박에서 벗어나 어디서든 컴퓨팅과 인터넷을 사용할 수 있는 자유가 주어진 것이다. 음성을 이용해 사물 인터넷 기기를 조작할 수 있는 시대에는 우리의 일상생활에 완전히 다른 레벨의 변화가 나타날 것이다.

근거리 컴퓨터 시대의 한계

컴퓨터를 사용하기 위해서는 전력과 인터넷을 연결하는 유선 케이블이 필요하고, 키보드와 마우스를 직접 조작해야 하므로 내 손이 닿는 범위 내에서만 컴퓨터 사용이 가능하다. 거리가 멀면 이용할 수 없고, 크기가 커서 이동성도 떨어진다. 그 대신 크기가 큰 만큼 컴퓨팅 파워가 뛰어나고 화면 크기도 커서 문서 작업이나 영상 편집, 그리고 게임과 영화를 보는 엔터테인먼트 작업에 적합하다.

태블릿과 스마트폰은 컴퓨터와 달리 선의 속박에서 벗어나 이동이 자유롭다. 하지만 컴퓨터와 비교할 때 디스플레이의 크기가 작고 컴퓨팅 파워에 제한이 있어 고용량의 사진과 동영상을 편집하거나 다양한 프로그램을 멀티태스킹으로 띄워놓고 작업하기에는 성능이 부족하다. 아무래도 작은 스마트폰 화면을 터치하면서 작업하는 것보다 넓은 컴퓨터 모니터 화면을 보면서 키보드로 작업하는 것이 더 편하고 좋을 수밖에 없다. 그런데 스마트폰도 화면 터치로 조작하기 때문에 결국은 내 손이 닿는 범위 내에서만 사용할 수 있다.

컴퓨터와 스마트폰으로 대변되는 1세대, 2세대의 컴퓨터 장치들은 유선과 무선의 차이는 있지만 둘 다 내 손이 닿는 반경 내에서만 사용이 가능하다. 때문에 집이나 사무실에서는 컴퓨터와 노트북을, 외부 이동 중에는 태블릿과 스마트폰을 주로 이용하며 상호 보완재가 되어 20년간 근거리 컴퓨터로서 우리의 일상을 지배해왔다. 근거리 컴퓨터 시대에는 내 손이 닿은 기기가 곧 입력장치이자 출력장치다. 기기에 명령을 내리면 명령을 내린 그 기기에서만 결과를 받아볼 수 있다. TV처럼 멀리 떨어져 리모컨 등의 다른 조작 기기를 사용하는 것이 아니라 직접 기기를 조작해서 이용해야 하므로 거리의 속박에서 벗어날 수 없다.

거리를 벗어난 무한 접속성

1세대 컴퓨터에서 2세대 스마트폰으로 기술은 발전했지만, 기기를 조작하는 데 거리의 제약은 존재한다. 그렇다면 3세대 스마트 스피커는 어떨까? 우선 스마트 스피커는 음성인식 서비스다. 음성으로 명령을 내리고 소리나 화면으로 결과를 출력한다. 굳이 내 손으로 기기를 만질 필요가 없다. 내 손이 닿지 않은 거리뿐만 아니라 더 멀리 떨어져 있어도 상관없다. 안방에서 거실의 스마트 스피커에 명령을 내리거나 회사에서 집에 있는 스마트 스피커에 명령을 내릴 수 있다. 거실 소파에 앉아 주방에 있는 스마트 스피커에 "알렉사, 분위기 좋은 음악 들려줘"라고 명령을 내리면 되고, 퇴근하는 버스 안에서 스마트폰의 AI 어시스턴트 앱을 이용해서 안방에 있는 스마트 스피커의 무드

SKT의 누구는 스마트폰에 설치한 AI 어시스턴트 앱을 이용해 회사에서 집에 있는 스피커의 무드등을 켤 수 있다.

등을 켤 수 있다.

그런데 그것이 꼭 스피커일 필요도 없다. 삼성전자의 노트북, 에어컨, 냉장고 등 어떤 기기에서든 '빅스비'를 호출할 수 있다. '시리'는 애플홈 스피커뿐만 아니라 아이폰, 에어팟, 아이패드, 맥북을 이용해 어디서든 '시리'를 부르면 된다. 특정 기기로 한정 지어 명령을 내릴 필요 없이 허공에 대고 AI를 부르면 기기가 알아서 명령을 입력해 해결해준다. 주방에서 요리하면서 "하이 빅스비, 아이 방에 있는 공기청정기 켜줘"라고 말하면 주변의 냉장고에서 혹은 에어컨에서 이를 인식하고 아이 방의 공기청정기를 켠다.

삼성전자 냉장고는 주방에서 요리하면서 "하이 빅스비, 아이 방에 있는 공기청정기 켜줘"라고 말하면 이를 인식해서 아이 방의 공기청정기를 작동시킨다.

이는 명령을 입력받은 기기에서 결과가 꼭 출력될 필요가 없음을 보여준다. "OK 구글, 안방 TV에 유튜브 인기 동영상 좀 보여줘"라고 거실에 있는 구글홈 스피커에 말하면 멀리 떨어져 있는 안방 TV에 연결된 구글 크롬캐스트(스마트폰에서 보던 콘텐츠를 TV에서 볼 수 있도록 해주는 기기)를 통해 안방 TV에 유튜브 동영상이 재생되고, "아리아, 모든 전등 꺼줘"라고 SKT 누구 스피커에 명령하면 SKT AI에 연결된 집 안의 모든 전등이 일시에 소등된다. 스마트 스피커가 명령을 입력받았지만, 결과는 명령에 맞게 여러 기기에서 출력된다.

검색을 대체할 만한 인터페이스의 등장

웹과 음성의 가장 큰 차이는 정보 탐색 과정에 있다. 웹은 웹 서버와 사용자의 인터넷 브라우저 사이에 문서를 전송하기 위해 HTTP^{HyperText Transfer Protocol}라는 통신 규약으로 모든 정보를 페이지화해 인터넷에 하이퍼링크로 연결한다. 이렇게 서로 연결된 페이지에 포함된 단어들을 범주 삼아 원하는 정보와 관련된 검색어를 입력했을 때 원하는 콘텐츠에 접근 가능한 무한 연결성을 보여준다. 모든 정보가 웹으로 연결되어 있어 필요한 정보를 쉽게 탐색할 수 있지만, 필요한 정보를 찾기 위해서는 최소한의 검색어 입력과 많은 정보만큼 나오는 결과물도 많아 하나씩 확인하며 검증하는 시간을 요구한다.

그런데 음성을 이용한 정보 탐색은 이 과정이 생략된다. 궁금한 것이 있으면 사람에게 물어보듯 말로 물어보면 된다. 찾고 싶은 정보를 만나기 위해 어떤 검색어를 입력해야 할지 고민할 필요 없고, 검색 결과를 일일이 찾아다니며 탐색할 필요도 없다. 예를 들어 웹에서 중국어로 문장을 번역하려면 스마트폰에서 번역 앱을 켜고 검색하는 데만 적어도 20초 이상 걸린다. 하지만 스마트 스피커를 이용하면 2~3초 만에 결과를 얻을 수 있다.

인터넷 검색은 지난 20년간 우리의 일상을 크게 변화시켰다. 사회 전반에 커다란 영향을 끼쳤고, 산업과 기업의 지형까지 바꿔놓았다. 음성을 이용한 정보 탐색 서비스 역시 새로운 혁신의 바람을 예고하고 있다. 정보 탐색 시간이 줄었고 컴퓨터나 스마트폰 조작이 어려운 정보 소외계층이나 손이 자유롭지 않은 장애인, 두 손을 쓰기 어려운 작업 환경에서 일하는 사람 등 기기를 조작하기 어려운 경우에도 인터넷을 쉽게 사용할 수 있다. 이로 인해 앞으로 인터넷 사용자층과 사용량이 더욱 확대될 것으로 보인다.

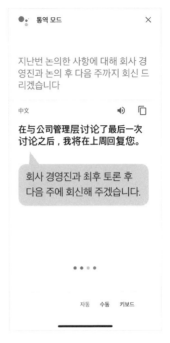

음성으로 입력한 한국어를 자동으로 중국어로 번역하고, 중국말로 읽어준다.

새로운 사용자 경험

새로운 기기의 출현은 거리의 제약을 없앴을 뿐만 아니라 기기를 조작하는 데 필요한 새로운 인터페이스를 만들어냈고 그 변화는 새로운 사용자 경험을 가져다주었다. 컴퓨터를 이용할 때 필요한 키보드와 마우스는 스마트폰이 나오면서 화면을 터치해서 사용하는 인터페이스를 만들었고, 이는 PC에서 사용하던 메신저 네이트온을 카카오톡으로 발전시켰다. 네이트온은 1:1 대화를 기본으로 하는 텍스트 메시지 위주였지만, 카카오톡은 여러 명이 그룹으로 대화방을 만들어 사진과 이모티콘, 영상, 문서, 선물 등 다양한 형태의 콘텐츠를 공유하며 사용자에게 새로운 경험을 제시했다.

음성을 이용한 인터넷 사용 역시 우리에게 또 다른 새로운 경험을 가져다줄 것이다. 예를 들어 스마트폰에서 음악 앱을 실행해 원하는 음악을 선곡해서 듣는 것과 스마트 스피커를 이용해 음성으로 음악을 호출해서 듣는 건 새로운 차원의 경험이다. 스마트폰으로 음악을 듣기 위해서는 스마트폰 화면에서 음악을 검색하고 앨범 목록을 확인하며 원하는 음악을 선택해야 한다. 그런데 음성을 이용하면 특정 음악을 선곡하기보다는 "헤이 시리, 드라이브할 때 듣기 좋은 신나는 아이돌 음악 들려줘"처럼 상황에 맞는 음악을 추천받아 듣는 것이 더 자연스럽고 편리하다.

게다가 AI 어시스턴트를 호출해서 음악을 재생하면 주변에 연결된 모든 사물 인터넷 기기가 출력장치가 된다. 냉장고에 달린 스마트 스피커, 거실에 놓인 서라운드 스마트 스피커, 안방의 TV, 서재의 조명에 탑재된 스마트 스피커가 모두 음악을 재생할 수 있는 출력장치다. "OK 구글, 집 안의 모든 스피커에서 1990년대 인기 가요 들려줘"라고 말하면 구글 어시스턴트에 등록된 집 안의 모든 기기에서 음악이 재생된다. 안방에서 음악을 듣다가 서재로 가면 서재의 스마트 스피커에서 음악을 이어서 들을 수 있다. 스마트폰이나 데스크톱, 태블릿 등 특정한 하나의 기기에서만 음악을 듣는 것이 아니라 모든 사물 인터넷 기기의 스피커가 음악을 듣는 출력장치가 된다.

구글 어시스턴트를 지원하는 TV, 스피커 등의 기기에 음악과 영상을 AI를 이용해서 손쉽게 재생할 수 있다.

음악뿐만 아니라 길을 찾을 때도 스마트폰을 이용하는 것과 음성으로 AI를 호출해서 찾는 것에는 큰 차이가 있다. 스마트폰으로 길을 찾으려면 내비게이션 앱을 실행해 목적지를 설정하고 이동 경로를 지정한 후 내비게이션 앱을 닫고 음악 앱을 실행해 듣고 싶은 음악을 검색해서 음악을 재생하고 다시 내비게이션 앱을 여는 일련의 과정을 거쳐야 한다. 이는 상당히 번거롭고 시간이 많이 소요된다. 특히 운전 중에 이런 화면 조작은 위험하다. 반면 음성인식 AI는 이런 과정 없이 "아리아,

회사로 가자", "아리아, 재즈 음악 들려줘"라고 원하는 것을 말하면 모든 작업이 한 번에 실행된다. 별도의 화면 조작 없이 음성으로 말만 하면 되니까 운전 중에도 쉽고 빠르게 원하는 서비스를 이용할 수 있다.

운전 중에 길도 찾아야 하고 음악도 듣고 싶을 때 여러 앱을 이용하거나 위험하게 스마트폰 화면을 조작할 필요 없이 원하는 것을 말하면 된다.

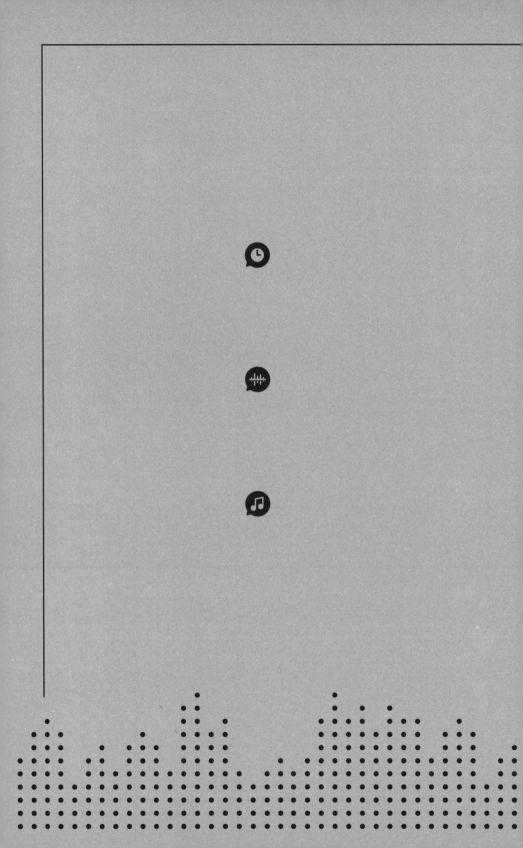

2장

클라우드와
네트워크 혁신

최근 음성 인터페이스 기반의 스마트 스피커 사용 증가로 인해 AI 어시스턴트와 클라우드의 영향력이 커지면서 스마트 스피커 외에도 많은 사물이 인터넷에 연결되고 있다. 그동안 PC나 태블릿은 초고속 유선 인터넷과 WiFi, 스마트폰은 4G LTE로 인터넷에 연결됐지만 앞으로 다양한 기기를 인터넷에 연결하기 위해서는 새로운 통신 네트워크가 필요하다. 이는 통신사에게 새로운 통신 비즈니스의 기회를 마련하고 제조업체는 생산된 제품을 인터넷에 연결하고 이에 맞게 새로운 편의를 제공해야 하는 등 여러 산업 분야에서 새로운 도약의 기회를 맞이하게 될 것이다. 특히 클라우드 사업은 AI 플랫폼의 핵심으로 그 역할이 더욱 중요해질 것이다. AI 플랫폼에서 클라우드가 과연 어디까지 집어삼키게 될까?

사물 인터넷 시대의 클라우드

음성으로 기기를 조작하고 인터넷 서비스를 이용할 수 있게 되면서 보다 많은 사물이 인터넷에 연결되고 있다. 문제는 많은 사물이 인터넷에 연결되려면 상당한 비용과 수고가 든다는 것이다. 예를 들어 휴대폰을 인터넷에 연결하기 위해 통신사들이 전국 각지에 기지국을 설치하고 네트워크 시스템을 구축하는 등 많은 투자를 했다. 이로 인해 데이터 통신 요금은 비싸졌지만, 스마트폰은 다양한 앱을 활용해 이전에는 할 수 없었던 새로운 경험을 제공하기 때문에 요금이 비쌈에도 불구하고 사용자들이 기꺼이 비용을 지출하면서까지 서비스를 이용한다. 사물 인터넷도 사용료를 내고서라도 사용하고 싶을 정도의 가치가 있어야만 네트워크 구축을 위한 투자가 이뤄질 수 있다.

즉, 사람들이 냉장고, 공기청정기, 청소기 그리고 집 안의 크고 작은 사물들까지 인터넷에 연결해서 사용하길 바란다면 새로운 사용자 가치와 경험을 제공해야 한다. 단순히 인터넷만 연결하는 것이 아니라 사물을 인터넷에 연결해서 사용했을 때 작동법이 이전보다 훨씬 효율적이거나 쉬워야 한다. 그러려면 똑똑한 플랫폼으로서의 AI가 필요하다. 하지만 그런 AI는 하루아침에 만들어지지 않는다. 더욱더 많은 사물을 클라우드에 연결해서 데이터를 수집하고 사용자의 사용 행태(서비스 사용에 대한 기대와 시행착오, 요구, 명령 등)를 분석해가면서 AI가 자가학습을 통해 진화해야만 한다. AI가 진화하기 위해서는 진화에 필요한 자양분인 데이터를 수집하고 축적하는 클라우드의 역할이 중요하다. 그러므로 AI 플랫폼을 이해하기 위해서는 클라우드에 대한 이해가 우선되어야 한다.

이제 IT 산업의 기반은 클라우드다

현재 전 세계 IT 산업의 성장을 주도하고 있는 분야는 클라우드 컴퓨팅이다. 클라우드는 이미 IT 관련 산업 성장의 60%를 차지하고 있고 우버, 에어비앤비, 에버노트 등 대부분의 IT 기업들이 자체 데이터 센터 대신 클라우드를 이용해 서비스하고 있다.

전통적인 소프트웨어 형태로 로컬 디바이스에 설치해서 사용하는 제품 중 가장 대표적인 제품인 MS오피스도 이제는 오피스365라는 이름으로 클라우드에서 운영한다. 2014년 마이크로소프트의 전체 매출 중 MS오피스 소프트웨어의 라이선스 매출 비중은 35%, 클라우드를 통해 구독료로 판매되는 오피스365는 11%였다. 하지만 2018년에는 MS오피스 소프트웨어 매출 비중이 20%로 줄었고, 클라우드 기반의 오피스365는 30%로 늘었다. 2014년만 해도 마이크로소프트의 시가총액은 구글, 아마존에 비해 초라했지만, 현재는 시가총액 1조 달러를 넘기며 구글과 아마존을 앞섰다. 이는 오피스365와 클라우드 서비스인 애저 덕분이다. 이제는 컴퓨터에 설치하는 소프트웨어뿐만 아니라 스마트폰 앱인 멜론, 유튜브, 넷플릭스 등의 서비스들도 모두 클라우드를 기반으로 제공되고 있다.

클라우드 서비스를 조금 더 세부적으로 구분하면 IaaS, PaaS, SaaS 3가지로 분류할 수 있다. IaaS[Infrastructure as a Service]는 컴퓨터와 네트워크 자원을 필요한 만큼 빌려서 사용하는 것을 말하고, SaaS[Software as a Service]는 오피스365처럼 소프트웨어를 구독료를 내고 필요한 수량이나 기간만큼 사용하는 것이다. PaaS[Platform as a Service]는 전산 관련 업무를 수행하는 데 필요한 각종 솔루션을 받아 사용하는 것을 의미한다. 3가지 사업의 시장 규모는 SaaS의 비중이 가장 크며 IaaS, PaaS 순이다. 예를 들

〈 클라우드 서비스 분류 〉

IaaS	AWS, 구글 드라이브, 마이크로소프트 애저, IBM
PaaS	아마존, 마이크로소프트, 구글 앱 엔진, IBM 블루믹스, 레드햇, 멘딕스, 헤로쿠, 사이보우즈 킨톤, 클라우드 파운드리
SaaS	오피스365, 세일즈포스, 어도비, SAP, 구글 앱, 워크데이, 드롭박스, 에버노트

어 넷플릭스는 전 세계를 대상으로 스트리밍 동영상 서비스를 SaaS 형태로 제공하는데 인프라의 경우 독자적인 시스템을 구축해서 사용하지 않고 아마존의 클라우드인 AWS를 이용하고 있다. 앞으로 더 많은 모바일 앱과 사물 인터넷 기반의 디지털 서비스들이 성장하게 되면 클라우드를 이용하는 곳이 많아지기 때문에 클라우드 사업은 더욱 커질 것으로 기대된다.

클라우드 사업 가치를 높게 평가하는 이유는 인터넷 속도가 빨라지고 온디맨드(ICT 인프라를 통해 소비자의 수요에 맞춰 즉각적으로 맞춤형 제품 및 서비스를 제공하는 경쟁 활동) 기반의 고객 중심 트렌드로 인해 클라우드에 데이터와 서비스, 애플리케이션을 설치해서 제공하는 방식이 보편화되고 있기 때문이다. 인터넷 서비스 기업뿐만 아니라 디지털 트랜스포메이션을 추진하는 기존 굴뚝 기업들도 전산 시스템을 구축하고 IT 자원을 운용할 때 클라우드를 이용하면 필요한 만큼만 서비스를 사용하고 그만큼만 사용료를 지급하면 되므로 직접 시스템을 구축하는 경우와 비교하면 서버와 인프라 장비를 구매하는 초기 투자 비용을 절감할 수 있어 클라우드 수요가 꾸준히 증가하고 있다. 게다가 이미 자리 잡은 클라우드 기업들의 네트워크 효과와 기술 진입장벽으로 인해 신규 업체의 진입이 어려워지자 더욱 공격적인 투자로 시장을 성장시키고 있어 클라우드 사업 가치는 해마다 커지고 있다. 실제 전 세계 기업 시가총액 1위부터 4위를 차지한 애플, 마이크로소프트, 아마존, 구글 모두 클라우드

〈 클라우드 사업 현황 〉

(2019년 기준)

	매출(억 달러)	시장점유율	전년 대비 성장률
아마존 AWS	346	32.3%	36%
마이크로소트프 애저	181	16.9%	64%
구글 드라이브	62	5.8%	88%
기타	95	45%	23%
합계	684	100%	52.75% (평균)

사업을 하고 있다. 특히 2018년 1분기를 기준으로 아마존의 클라우드 사업은 전체 매출의 11%인 54억 4천만 달러에 불과하지만, 본업인 쇼핑몰 사업보다 영업이익에 이바지하는 비중이 무려 73%나 된다. 이처럼 윈도우와 MS오피스의 소프트웨어 판매가 주력인 마이크로소프트와 검색 광고 비즈니스가 주업인 구글의 비즈니스 포트폴리오에 클라우드 사업이 차지하는 비중이 만만치 않다.

현재 클라우드는 기존과 비교할 수 없을 만큼 방대하고 다양한 데이터를 저장하고 있고, 이 데이터를 활용해 자동화된 서비스를 제공하는 AI를 운영하면서 제2의 전성기를 맞이하고 있다. 웹에서 홈페이지를 개발하기 위해서는 HTML^{Hyper Text Markup Language}, 자바스크립트, AJAX^{Asynchronous Javascript And XML}와 같은 스크립트 언어와 프로그래밍을 이용해야 하고, 모바일에서 앱을 개발하려면 애플과 구글이 제공하는 SDK^{Software Development Kit}(소프트웨어 개발을 위한 키트)와 API^{Application Program Interface}(앱 개발을 위한 규칙과 가이드)를 이용해서 앱을 만든 후 스토어에 업로드해야만 사용자들을 만날 수 있다. AI 플랫폼에서는 AI 기업들이 제공하는 개발 툴 키트^{toolkit}와 클라우드를 이용해야만 AI에 최적화된 서비스를 개발하고 제공할 수 있기 때문에 클라우드는 새로운 사업 기회를 얻게 될 것이다.

이처럼 클라우드는 이미 소프트웨어와 서비스를 품고 있

기 때문에 기기를 통해 수집된 데이터가 쌓이면 소프트웨어와 서비스를 자동화해서 운영하는 AI를 고도화할 수 있다. 즉, 클라우드가 AI를 진화시켜 모든 기기와 서비스를 좀 더 편하게 이용할 수 있도록 해준다. 일례로, 클라우드를 통해 제공되는 슬랙이나 에버노트 등의 서비스는 컴퓨터나 스마트폰에 설치한 소프트웨어를 매번 따로 업그레이드하지 않아도 클라우드에서 새로운 기능이나 AI를 통해 효율화된 서비스를 적용하면 어떤 기기에서든 최신 버전으로 서비스를 바로 이용할 수 있다.

또한, 이프트IFTTT, If This Then That(명령문을 통해 타 소프트웨어를 관리할 수 있도록 도와주는 프로그램)와 같은 사물 인터넷과 연동되는 서비스도 클라우드에서 데이터 축적과 자동화된 서비스 운영이 동시에 이뤄지기 때문에 훨씬 빠르고 편리하게 서비스 구동이 가능하다. 만일 독자적으로 데이터를 수집하고 로컬 디바이스의 소프트웨어를 통해 AI를 운영하게 되면 클라우드로 단일화된 통합 서비스를 제공하는 것보다 속도가 느리고 비효율적일 수밖에 없다.

앞으로는 사용자가 어떤 기기를 사용하든 자동화된 방식으로 서비스를 이용할 수 있도록 도와주는 진화된 지능형 컴퓨터 작동 방식이 필요할 것이다. 그것이 AI고 AI를 진화시키는 것이 바로 클라우드다. 이러한 이유로 클라우드 시장은 매년 큰 폭으로 성장하는 중이다. 아마존, 마이크로소프트, 구글 빅

3가 전체 시장의 55%를 점유하고 있으며 점유율도 계속 상승 중이다. 중국의 알리바바 클라우드의 점유율이 높아지고 있긴 하지만 주로 중국 내수 시장 위주인 만큼 향후 이들 기업의 지배력은 더욱 커질 것으로 예상된다.

통신 네트워크의 진화

초고속 무선 인터넷 기술이 발전하고 컴퓨터, 스마트폰, 태블릿을 넘어 자동차와 각종 가전기기가 인터넷에 연결되는 사물 인터넷 시대가 도래하면 클라우드의 역할은 더욱 강화될 것이다. 클라우드를 연결하면 냉장고에 탑재된 디스플레이에 스마트폰 화면을 띄울 수 있고, 세탁기에 탑재된 스마트 스피커로 인터넷 서비스를 이용할 수 있다. 컴퓨터에 윈도우와 각종 소프트웨어를 설치해서 관리할 필요 없이 모니터에서 바로 클라우드에 연결해 가상의 컴퓨터를 이용하는 것이다. 맥에서 윈도우를 실행하고 TV로 컴퓨터 이용이 가능하게 된다. 이것이 클라우드가 보여줄 수 있는 미래의 청사진이다.

그렇다면 이 모든 사물 인터넷 기기를 클라우드에 연결하려면 어떤 통신 네트워크가 필요할까? WiFi, 블루투스, 4G LTE 등 기존 통신망을 이용하거나 자체적인 브리지를 두고 여기에 연결하는 허브 방식의 로컬 네트워크가 있다. 하지만 블루투스는 속도와 연결 과정의 번거로움, LTE는 비싼 요금, 로컬 네트워크는 호환성의 문제가 있어 주로 WiFi가 널리 이용된다. 그런데 WiFi도 전력 소모가 많고 정해진 반경 내에서만 사용할 수 있어 넓은 반경을 이동하고 배터리로 작동하는 자동차나 킥보드, 실내에서 사용하지만 배터리를 이용하는 센서 등에는 적합하지 않다. 이러한 이유로 새로운 통신 네트워크의 필요성이 커지고 있다.

그런 면에서 별도의 허브를 두고 제한된 반경 내에서만 사용할 수 있는 로컬 네트워크나 5G와 사물 인터넷 전용망에 대한 기대가 크다. IPTV 카메라와 문에 부착해서 사용하는 문 열림 감지 센서, 진동 감지 센서, 습도와 온도 등을 감지하는 작은 센서들은 별도의 네트워크 허브를 두고 독자적인 무선 통신을 이용함으로써 배터리 소모 문제를 해결하고 제품의 크기도 경량화할 수 있다. 5G는 4G LTE처럼 무선으로 이용할 수 있어 이동 환경에 적합하고 WiFi처럼 속도가 빠르기 때문에 기기의 특성에 따라 다양한 요금제로 구성해서 경제적으로 운영한다면 차량, 로봇, 공사장의 중장비와 공장 내 기기에 적용하기 적합하다. 로라망(사물끼리 통신할 수 있게 도와주는 저전력 장거리 통신 기술)과 같은 사물 인터넷 전용망은 4G LTE나 5G 등에 비해 저렴한 운영 비용으로 넓은 반경까지 커버할 수 있다는 장점이 있다. 다만 너무 큰 용량은 전송이 잘 안 되므로 대용량 데이터 전송을 필요로 하지 않는 경우에 이용하면 좋다.

또한, 컴퓨터나 스마트폰처럼 단일 기기가 아닌 성격이 다른 수많은 다양한 기기가 인터넷에 연결되려면 기기별로 요구하는 네트워크의 기능도 달라야 한다. 시속 수십 km의 속도로 달리는 자동차가 주변의 사물을 인식하고 교통신호, 도로 위의 장애물, 노면 상태, 기후 등을 확인하며 안전하게 주행하는 데 필요한 통신망과 공장의 기계가 불량률을 최소화하기 위해 주변 기계와 데이터를 주고받으며 상품을 만들어내는 데 필요한 네트워크는 다를 수밖에 없다. 그러므로 사물 인터넷 제조업체가 기기의 특성에 따라 적절한 네트워크를 선택하고 그에 맞는 시스템을 구성하는 시대가 오면 통신사는 새로운 네트워크 비즈니스의 기회를 얻게 될 것이다.

특히 클라우드와 경쟁과 보완 관계를 만들어낼 에지 컴퓨팅 비즈니스는 통신사에게 기회다. 2020년 사물 인터넷 시대가 본격화되면서 엄청난 양의 데이터들이 생성되고 전송되며 처리될 것으로 보인다. 가트너(미국의 시장조사 및 컨설팅 회사로 IT 분야 전문 기업)는 260억 개의 사물이 인터넷에 연결된다고 전망했고, 인텔은 각 가정당 평균 50개의 사물 인터넷 기기가 보급되고 인터넷 사용자가 하루에 1.5GB의 데이터를 생성한다고 예상했다. 영국의 시장조사기관 주니퍼 리서치는 2021년에 차량 시스템에서 생성하는 M2M[Machine to Machine](사물 통신) 데이터 트래픽이 98%로 급증할 것이라고 발표했다. 이렇게 사물 인터넷이 보편화되면 지금보다 훨씬 더 많은 데이터를 처리해야 하므로 지금과 같은 서버-클라이언트 방식의 클라우드 시스템이 아닌 다른 네트워크 시스템이 필요할 것이다. 그것이 바로 모든 데이터를 서버-클라우드에 보내 처리하는 중앙집권적 방식이 아닌 데이터가 생성되는 각 기기의 말단(에지)에 경량 프로세싱을 두어 서버에 부담을 주지 않고 사물 인터넷 서비스의 응답 시간을 개선하는 에지 컴퓨팅 시스템이다.

초기의 컴퓨터는 중앙 집중적인 메인 프레임 방식으로 동작되어 서버에 모든 애플리케이션이 설치되어 운영되었다. 처리해야 하는 데이터의 양이 많지 않았고 자기 완결형으로 처리하는 것이 더 효율적이었기에 메인 프레임에 터미널로 연결해서 근거리에서 컴퓨팅하는 것이 일반적인 시스템 구성이었다. 하지만 개인용 컴퓨터의 등장으로 웹 서비스가 보편화되면서 클라이언트 서버 모델이 도입되었다. 이후 스마트폰 등 인터넷에 연결되는 사물들이 새롭게 나타나자 서버에 트래픽이 집중되었고, 이를 분산하기 위해 용도별로 전문 서버들이 등장하면서 특정 서버에 집중되는 과부하를 줄일 수 있었다.

그러나 점점 더 많은 사물이 인터넷에 연결되면서 데이터는 기하급수적으로 생성되었고, 데이터를 클라우드에 보내고 처리한 후 각 기기에 다시 전송하는 과정에서 지연이 발생할

〈 클라우드 컴퓨팅과 에지 컴퓨팅 비교 〉

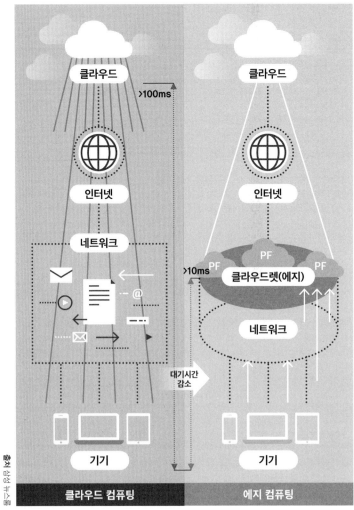

에지 컴퓨팅은 사물 인터넷 기기와 물리적으로 가까운 곳에 위치시킴으로써 처리 속도를 높여준다. 클라우드 컴퓨팅과 데이터 전송 지연시간을 비교하면 클라우드는 80~100ms이지만 에지 컴퓨팅은 10ms로 약 1/10이다.

수밖에 없게 되었다. 서버에 도달한 데이터들을 처리하는 과정에서 과부하가 발생해 데이터 처리 시간이 지체된 것이다. 이런 문제를 해결하기 위해 등장한 것이 에지 컴퓨팅이다. 에지 컴퓨팅은 사물 인터넷 기기와 물리적으로 가까운 곳에 위치시킴으로써 처리 속도를 높여준다. 클라우드 컴퓨팅과 데이터 전송 지연시간을 비교하면 클라우드는 80~100ms이지만 에지 컴퓨팅은 10ms로 약 1/10이다. 인터넷 저편 너머에 큰 구름으로 존재하는 클라우드 컴퓨팅과 비교해 기기와 근거리에 위치한 작은 구름이 안개처럼 흩어져 있다고 해서 포그 컴퓨팅이라고도 불린다.

이러한 장점을 가진 에지 컴퓨팅은 네트워크 시장에서 5G와 함께 주목받는 기술로 급부상하고 있다. 5G는 단순히 속도만 빨라지는 무선통신이 아니라 4G LTE와 비교해 10배 빠른 응답속도와 동시접속을 지원하기 때문에 로봇, 드론 그리고 사물 인터넷 더 나아가 스마트시티를 구현하는 데 필수적인 네트워크다. 수많은 기기를 인터넷에 연결할 수 있는 통신 규격이다 보니 기기 간 데이터를 처리하는 방식에 있어서도 기존의 클라우드가 아닌 에지 컴퓨팅을 필요로 한다. 즉, 5G와 에지 컴퓨팅은 찰떡궁합인 셈이다.

그중에서 모바일 에지 컴퓨팅MEC, Mobile Edge Computing은 통신사에게 새로운 플랫폼 비즈니스의 기회를 제공하는 최고의 솔

〈 모바일 에지 컴퓨팅 기술 〉

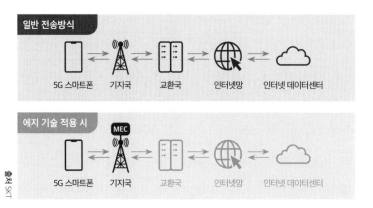

출처 SKT

에지 기술이 적용되면 기지국에서 사물 인터넷 기기에 즉각 서비스를 제공할 수 있어
처리 속도가 단축된다.

루션이 될 수 있을 것으로 기대된다. MEC는 5G에 적용되는 기술로 특정 네트워크에 연결된 사물들이 좀 더 빠른 속도로 데이터를 처리하거나 특화된 서비스를 기기의 성능에 영향을 받지 않고 제공받을 수 있도록 해준다. 기지국에 특정한 MEC 서버를 설치해둠으로써 서비스 사업자들이 제공하는 클라우드까지 데이터를 송신하고, 처리한 후 다시 결과를 내보내는 일련의 과정을 줄여 더욱더 빠르고 효율화된 서비스와 콘텐츠를 제공할 수 있다. 프락시 서버처럼 서버와 클라이언트 사이에서 중계자 정도의 역할로 대리 통신하는 수준을 이야기하는 것이 아니다. 특정한 프로세싱과 데이터를 처리할 수 있는 기능

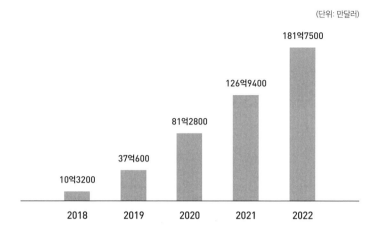

〈 에지 컴퓨팅 시장 전망 〉

(단위: 만달러)

- 2018: 10억3200
- 2019: 37억600
- 2020: 81억2800
- 2021: 126억9400
- 2022: 181억7500

자료: 오픈포그 컨소시엄

이 제공됨으로써 궁극적으로 클라우드와 연계된 특화 서비스를 제공할 수 있어야 통신사가 MEC를 통해 고객과 연결된 플랫폼 비즈니스를 구축할 수 있다.

MEC는 실시간 데이터 처리가 필수적인 스마트시티 구현을 위한 교통관제 시스템이나 건물, 공장 등 특정 공간 내의 사물과 센서를 연결해서 데이터를 수집하고 이를 기반으로 생산성을 향상하는 데이터 관리 시스템에 적합하다. 범용적 서비스 형태보다 제한된 지역이나 공간 내에서 특정 프로세싱이나 데이터 처리를 수행하는 목적으로 클라우드와 상호 보완재로서 MEC를 이용해야 서비스의 효율성이 높아질 수 있다. 만약 클라우드와 MEC 그리고 서비스를 하나의 토털 플랫폼으로 구성해서 5G와 사물 인터넷을 위한 통신 기술과 연계하면 이 플랫폼은 MEC를 기지국에 위치시킬 수 있는 통신사가 제공하기에 가장 적합하다.

사람들이 많이 모이는 시설이나 공연장 등에서 AR, 비디오 스트리밍, 이미지 인식 등 특정 목적을 가진 서비스를 제공하는 데 있어 MEC가 처리 속도를 개선해주는 용도로 이용될 수도 있다. 이런 서비스를 제공하는 사업자에게 특화된 형태의 MEC 솔루션을 AWS처럼 비용을 받고 제공할 수도 있고, 서비스를 직접 만들어 MEC와 연동시켜 타 서비스가 제공할 수 없는 향상된 퍼포먼스를 보여줌으로써 서비스의 경쟁우위를 점유할 수도 있다. 인터넷 서비스사가 통신 장비를 설치하고 MEC를 운영하는 것은 한계가 있기 때문에 서비스와 MEC를 하나의 패키지로 묶음으로써 서비스의 강점을 가져가는 것이 통신사의 서비스 경쟁력이 될 것이다. 향후 5G는 사물 인터넷, 빅데이터, AI의 3가지 ICT 기술을 위한 통신 기술로서 자리잡을 것이고, MEC는 지능을 가진 WiFi처럼 좀 더 빠르고 특화된 기능을 수행하는 공용 컴퓨터로서의 역할을 해낼 것이다.

스트리밍 세상이 열리다

모든 것이 클라우드로 빨려 들어가면서 사용자들의 경험도 크게 바뀌고 있다. 가장 대표적인 것이 온디맨드다. 이는 공급자 중심이 아닌 소비자 중심의 가치가 중요하다는 철학에서 나온 개념으로 고객이 원할 때면 고객이 어떤 상황에 처했든 간에 고객이 기대하는 형태로 그 즉시 서비스가 제공되어야 함을 뜻한다. 집에서든, 차에서든, 길거리에서든 고객이 평소에 좋아하는 음악을 바로 들려주려면 고객 근처에 있는 컴퓨터, TV, 스피커, 자동차, 스마트폰, 태블릿 등 어떤 기기에서든 자동으로 고객을 인식해서 고객이 자주 듣던 음악 리스트를 기반으로 즉시 음악을 재생해야 한다. 그러려면 관련 기기들이 모두 인터넷에 연결되어 있어야 하고, 고객의 음악 리스트 데이터가 클라우드에 저장되어 있어야 한다. 즉, 음악 데이터가 저장된 클라우드에 주변에 있는 어떤 기기든 연결해서 로그인하면 저장해둔 음악이 재생되는 것이다.

TV 방송과 동영상, 해외 드라마와 영화 그리고 문서에 이르기까지 수많은 콘텐츠가 클라우드를 통해 온디맨드 형태로 제공되고 있다. 스마트폰이나 컴퓨터에서 음악을 들으려면 멜론, 플로, 유튜브 등에 연결해서 듣고 싶은 것을 선택하면 되고, TV 방송이나 영화도 푹POOQ, 넷플릭스 등에 연결해서 보고 싶은 것을 선택하면 바로 볼 수 있다. 컴퓨터에 원하는 것을 다운로드할 필요 없고 콘텐츠마다 따로 결제할 필요도 없다. 이러한 서비스를 스트리밍이라고 한다. 스트리밍 서비스가 가능한 이유는 클라우드다. 콘텐츠가 클라우드에 저장되어 있어서 클라우드에 연결만 하면 콘텐츠를 서비스로 바로 제공할 수 있다. 여기서 클라우드가 기술적 측면의 용어라면 스트리밍은 소비자 측면의 용어다.

스트리밍 서비스라고 하면 대부분 음악이나 영상을 떠올리지만 클라우드로 인해 이제는 다양한 콘텐츠를 스트리밍으로 이용할 수 있게 되었다. 최근 새로운 스트리밍 서비스로 주목받고 있는 콘텐츠는 게임이다. 2019년 11월 구글은 스트리밍 게임 서비스 '스타디아'를 선보였다. 스타디아는 게임을 하기

위해 더 좋은 성능의 CPU
나 그래픽카드로 컴퓨터를
업그레이드하지 않아도 되
고, 콘솔 게임기(전용 게임기
로만 하는 게임)도 필요 없다.
게임을 위한 별도의 소프트
웨어 설치나 관련 하드웨

2019년 11월 19일 서비스를 시작한 구글 스트리밍 게임 서비스 스타디아

어 없이도 스타디아에 연결해서 필요한 게임을 선택하면 바로 시작할 수 있다. 게임은 구글의 클라우드에 설치되어 실행되고 화면은 크롬(구글의 웹 브라우저)를 이용하면 된다. 유튜브와 트위치(트위터 TV) 등에서 게임 방송을 보다가 직접 게임에 참여할 수도 있다. 구글은 스트리밍 게임 서비스가 사용자들을 더 많은 기기에서 더 많은 시간을 게임에 몰입시키기 때문에 게임 사용자 규모가 더욱 커질 것이라 기대하고 있다.

엔비디아는 구글 이전부터 지포스 나우라는 클라우드 게임에 진출했고 콘솔 게임의 대표인 소니와 마이크로소프트는 공동으로 클라우드 게임 플랫폼을 준비하고 있다. 게임 방송의 유튜브라 불리는 트위치를 서비스하는 아마존과 세계적인 VOD 서비스 업체인 넷플릭스도 클라우드 게임을 준비 중이다. 2020년은 클라우드 게임의 원년으로 신문과 방송이 인터넷으로 재편된 것처럼 게임 시장도 클라우드 기반으로 지각변동이 시작될 것이다.

오피스 프로그램은 이미 오래전부터 스트리밍으로 서비스를 제공하고 있다. MS오피스의 온라인 버전인 오피스365를 이용하면 PC에 따로 MS오피스 프로그램을 설치하지 않아도 웹브라우저에서 오피스365를 연결해 문서 작성과 뷰어가 가능하다. 작업한 파일은 MS원 드라이브에 저장된다. 서비스 이용료는 연 9만 원가량으로 연 2만 원 정도만 추가하면 최대 6명까지 이용할 수 있다. 현재까지 오피스365를 사용하는 전 세계 사용자는 2억 명으로 추산된다. 구글은 구글독스라는 이름으로 클라우드 기반의 오피스 서비스를 무료로 제공하고 있다. 구글 드라이브에 파일을 저장하고 웹 브라우저에서 파일을 편집하면 된다. 클라우드에 설치된 오피스 프로그램을 원격으로 연결해서 사용하는 방식이라고 보면 된다. 오피스 소프트웨어와 문서 파일을

클라우드에서 운영하는 마이크로소프트의 '오피스365' 화면

인공지능과 인간의 대화

〈 PC/다운로드 기반에서 모바일/스트리밍 기반으로의 변화 〉

구분			PC/다운로드 기반	모바일/스트리밍 기반	비고
검색 포털			네이버, 다음	네이버, 구글	유지
메신저			네이트온	카카오톡	대체
SNS			싸이월드	페이스북, 인스타그램	대체
쇼핑			G마켓, 11번가, 옥션	G마켓, 11번가, 옥션, 쿠팡, 위메프, 티몬	경쟁 심화
콘텐츠	음악		P2P, 멜론	멜론, 지니뮤직	유지 /시장 창출
	동영상	개인방송	아프리카TV	아프리카TV	유지
		UCC	유튜브	유튜브	유지
		영화 /드라마	P2P	옥수수, Pooq, 티빙, 올레TV모바일, U+비디오포털	시장 창출 /경쟁 심화
내비게이션/지도			아이나비, 파인드라이브	티맵, 네이버지도, 김기사	대체 /시장 창출
자동차				카카오택시, 쏘카	시장 창출

자료: 삼성증권

스트리밍 서비스로 이용하면 공동 문서를 모든 사용자가 늘 최신 버전의 파일로 편집하기에 용이하다. 컴퓨터에 소프트웨어를 설치하고 작업한 파일을 저장해서 매번 공유했던 것과 비교했을 때 오피스 스트리밍 서비스가 주는 가장 유용한 점이다.

그 외에도 포토샵으로 유명한 어도비 역시 크리에이티브 클라우드creative cloud에서 어도비의 다양한 소프트웨어를 월 구독료 방식으로 제공하고 있다. 어도비가 제공하는 20개가 넘는 소프트웨어를 모두 이용하려면 월 6만 2천 원만 지불하면 된다. 스마트폰 앱은 이미 월 사용료 방식으로 서비스를 제공하는 것이 일반화되었다. 대표적으로 에버노트, 슬랙, 드롭박스 등이 있다. 최근에는 서적도 스트리밍으로 서비스를 제공한다. 굳이 신문지와 종이책이라는 물리적인 실체를 구매하고 보관하지 않아도 디지털 디바이스를 이용해서 수시로 필요한 것을 검색하고 탐독할 수 있다.

모든 것이 스트리밍되다

스트리밍 서비스의 장점은 명확하다. 로컬 디바이스의 자원을 덜 사용하고 기기의 제약 없이 '원 소스 멀티 유즈one source multi use'가 가능하다는 무한 접근성을 얻는다. 부수적으로는 온라인의 강점인 타인과의 소통과 공유가 자유롭고 쉽다. 기업 입장에서도 더욱더 많은 사용자를 확보할 수 있고 개별 기기의 호환성과 이상 증상에 대한 고객지원을 최소화할 수 있어 효율성을 얻게 된다. 구독료 방식으로 고객에게 지속적으로 요금을 부과할 수 있어 수익 모델도 구축할 수 있다.

그렇다면 앞으로 또 어떤 영역이 스트리밍화 될까? 소유하지 않고 필요할 때 연결해서 사용할 수 있는 서비스는 무엇이 있을까? 상상해보면 무엇이든 가능하다. 사용하지 않을 때는 보관하고 필요할 때만 꺼내어 사용할 수 있는 것이라면 무엇이든 상관없다. 면도기, 기저귀 등 생필품부터 상추, 고추 등 채소에 이르기까지 과하게 소유하지 않고 필요한 만큼만 꺼내어 사용하는 게 효율적이라고 여겨지는 서비스가 새로운 비즈니스에서 기회와 가능성이 큰 영역이 될 것이다.

내비게이션이 스트리밍으로 제공된다면 어떨까? 굳이 내비게이션 단말기를 구매할 필요도 없고, 티맵처럼 모든 지도의 데이터를 스마트폰에 내려받지 않아도 된다. 디스플레이만 있으면 클라우드의 내비게이션에 연결해서 내가 있는 위치와 목적지까지의 경로를 그때그때 스트리밍으로 내려받아 사용하면 된다. 소프트웨어를 업데이트할 필요도 없다. 새로 바뀐 교통신호와 도로 정보는 클라우드에서 자동으로 업데이트해서 반영하므로 개별 기기에서 해야 할 일이 없다.

블랙박스와 CCTV, IP 카메라 역시 마찬가지다. 테슬라 차량은 총 8대의 카메라가 장착되어 있으며 최대 250m 범위까지 360도로 촬영된다. 촬영한 영상을 저장하기 위해서는 별도로 USB 메모리를 이용해야 하는데 만일 클라우드에 영상을 저장해서 필요한 부분을 쉽게 탐색할 수 있는 서비스를 제공한다면 굳이 USB를 이용하는 블랙박스가 있을 필요가 없다. 방범용 카메라도 인터넷에 연결해서 사물과 사람의 얼굴을 인식하는 기능과 영상 내용을 쉽게 검색할 수 있는 서비스를 클라우드 기반으로 제공한다면 필요한 서비스만 검색해서 이용하고 검색한 가치만큼만 사용료를 지급하면 된다.

이렇게 하드웨어 기능이 모두 스트리밍화 되면 하드웨어 시장은 사라지게 될 것이다. 이미 MP3P, PMP, 팩스는 클라우드에서 스트리밍화 되었다. 이제는 팩스 기기가 없어도 클라우드 팩스로 수신하고 송신할 수 있으며, 출력이 필요한 송수신 문서는 브라우저에서 선택해 인쇄하면 된다.

스트리밍이 가져오는 변화

새로운 비즈니스의 기회를 잡기 위해 많은 영역에서 스트리밍으로 서비스를 제공하게 되면 비즈니스 모델과 밸류체인이 바뀌게 된다. 예를 들어 게임의 스트리밍화는 콘솔 디바이스와 게임 타이틀 판매, PC방 그리고 게임 퍼블리셔의 변화를 야기한다. 별도의 설치 절차나 투자 없이도 사용자가 게임에 쉽게 연결될 수 있어 게임 참여자의 수는 더 많아지고 수익 모델도 게임 타이틀 판매나 가입비 개념이 아닌 지정한 기간별로 사용료를 지급하는 구독료 형태로 바뀐다.

그렇다면 사용자들은 어떤 변화를 경험하게 될까? 음악 CD를 소유할 때와 멜론에서 음악을 들을 때, 비디오테이프를 대여해서 영화를 볼 때와 넷플릭스에서 볼 때 무엇이 다를까? 스트리밍 서비스를 이용하면 클라우드에 수집된 데이터를 기반으로 사용자가 좋아할 만한 음악이나 영화를 추천해주고 그동안 듣고 본 리스트도 정리해준다. 사용 중이던 컴퓨터를 교체하거나 스마트폰을 잃어버려도 데이터가 클라우드에 저장되어 있어 기존에 사용하던 것을 그대로 이용할 수 있다. 모든 데이터와 콘텐츠가 클라우드에서 통합적으로 관리되므로 이를 따로 보관할 필요가 없고 어떤 기기에서나 접근이 가능해 바로 사용할 수 있는 것이다. 이것이 스트리밍으로 얻게 되는 새로운 사용자 경험이다. 사업 영역을 스트리밍화 하는 데 있어 이런 부가가치 창출이 있어야만 사용자들이 기존의 습관을 버리고 새로운 경험에 적극적으로 나서게 된다.

클라우드에 연결된 콘텐츠와 서비스가 AI와 결합하면 서비스는 한 단계 더 효율화되어 사용자에게 새로운 자동화 경험을 제시할 것이다. 컴퓨터나 스마트폰에서 제공하는 서비스들은 로컬 디바이스 메모리에 MS워드, 카카오톡, 배달의민족 등의 소프트웨어를 설치해야만 사용이 가능하다 보니 새로운 사용자 경험을 제시하려면 소프트웨어의 업그레이드가 필수다. 문제는 업그레이드를 하지 않은 사용자들이 있고 기기의 종류에 따라 소프트웨어의 사용법이나 성능, 디자인 등이 달라 사용자 경험에 차이가 난다는 것이다. 또한, 소프트웨어 간의 상호 연동에 제약이 많아 사용에 불편함이 있다. 카카오톡을 하면서 배달의민족에서 배달시킨 음식이 어디쯤 오고 있는지 배송 정보를 확인하거나 멜론에서 비 올 때 사람들이 즐겨 듣는 음악 리스트를 인터파크 티켓 이벤트에 활용하려면 두 소프트웨어를 번갈아 가면서 사용해야 하는 등 상당히 번거롭다.

하지만 클라우드에서는 이를 AI가 관리하므로 어떤 기기에서든 모든 서비스를 유기적으로 연계해서 사용할 수 있다. 외출하기 위해 화장대에서 화장하면서 "헤이 카카오, 이태원 가는 택시 불러줘", "헤이 카카오, 내가 좋다고 한 노래 들려줘", "헤이 카카오, 카톡 새로운 메시지 있어?"라고 여러 소프트웨어의 서비스를 연달아 호출해서 한 번에 이용하면 된다. 이처럼 서비스 간 연동도 AI를 이용하면 기존보다 훨씬 빠르고 편리하다.

앞으로 클라우드가 모든 사물의 데이터를 삼키고, 기존에 불가능했던 새로운 경험을 사용자에게 제공함으로써 사업 혁신을 일으켜 더 큰 도약의 기회를 얻게 될 것이다. 모든 사물이 인터넷에 연결되는 사물 인터넷 시대가 오면 클라우드와 AI가 기존의 PC와 스마트폰에서 사용하던 윈도우와 안드로이드처럼 하나의 기본 운영체제로 작동해서 새로운 서비스 패러다임을 가져다줄 것이다.

보안과 사생활 보호의 이슈

명과 암은 언제나 함께 존재한다. 인터넷의 발달로 인해 우리의 삶은 훨씬 더 편리하고 풍요로워졌지만 개인 정보 유출이나 보이스 피싱 등 새로운 문제들이 나타났다. 기술의 발전만큼 이를 악용하는 사례들 또한 증가한 것이다. 우리는 인터넷을 사용하면 할수록 개인 정보가 더 쉽게 남에게 노출되고 있음을 인식해야 한다.

2019년 10월 21일 해킹연구기관인 보안연구소^{SR.Labs}는 유튜브를 통해 '알렉사와 구글 어시스턴트의 악용 가능성'을 보여주는 영상을 공개했다. 이 영상에는 해커들이 AI 어시스턴트의 대답을 조작해서 자신들이 원하는 답을 사용자에게 유도하는 방법이 담겨 있다. 즉, AI 어시스턴트가 사용자에게 직접 개인 정보를 요구하게 만든 것이다. 2019년 11월 미국 미시간대와 일본 전기통신대 연구진은 음성을 레이저 신호로 바꿔 110m나 떨어진 거리에서 특정 스마트 스피커의 마이크에 신호를 보내 기기를 작동시키는 해킹 시험을 했다. 이 시험은 집 밖에서 스마트 스피커를 해킹해 음악을 틀거나 현관문을 열고 아마존 계정에 등록된 신용카드로 쇼핑까지 할 수 있다는 것을 보여줬다. 스마트 스피커를 사용하면서 입력된 데이터들이 클라우드로 전송되고 보관되는 과정에서 해커의 침입으로 개인 정보가 털릴 수 있다는 문제를 제기한 것이다.

사생활 침해 문제도 이와 함께 대두되고 있는 중요 이슈다. 2016년 12월 미국 아칸소주 경찰은 살인사건을 수사하기 위해 아마존에 "용의자가 이용하는 에코에 저장된 모든 데이터를 제공해달라"고 요청했다. 아마존은 표현의 자유 권리를 들어 데이터 제공을 거부했지만, 용의자가 동의함으로써 데이터를 경찰에게 제공했다. 이 데이터에는 살인사건이 벌어지기 전후 에코에 저장된 현장 내 모든 음성 정보가 들어 있었다.

스마트 스피커는 내가 있는 공간에 위치해 주변 소리부터 통화 내용까지 전부 수집한다. PC나 스마트폰은 컴퓨터의 전원 버튼을 누르거나 스마트폰을 터치하는 것처럼 사람의 동작 명령이 있어야 기기가 실행 모드로 바뀌지만, 음성으로 작동하는 기기는 기기가 인식하는 기저가 따로 있지 않기 때문에 언제나 스탠바이 상태여야 한다. 언제 어디서든 음성 명령에 반응하기 위해 기기가 늘 깨어 있는 것이다. 그렇다 보니 마이크로 입력된 주변의 모든 소리와 소음을 인식하게 되고 이는 계속해서 기록되고 저장된다.

사실 AI는 데이터를 수집해야만 더 나은 AI를 만들 수 있기 때문에 데이터 수집은 필수 불가결하다. 문제는 저장된 데이터다. 아마존과 구글은 사용자가 별도로 저장된 데이터를 삭제하지 않으면 데이터를 무제한으로 계속해서 수집하고 저장한다. 개인 정보 보호 이슈를 존중하는 애플은 무제한은 아니지만, 최대 2년까지 저장한다. 대체 이렇게 쌓인 수많은 소리와 소음 데이터는 어떻게 사용되는 것일까? 2019년 애플과 네이버는 서비스 개선을 위해 사용자들이 AI와 나눈 대화 내용을 녹음한 뒤 이를 협력업체 직원들이 듣고 문자로 바꾸는 작업을 수행하면서 사생활 침해 문제가 제기되어 논란을 겪었다. 자연어를 더 잘 이해할 수 있도록 AI를 훈련시키기 위해 AI 어시스턴트에 입력된 사용자들의 대화 내용을 문자로 변환하는 데 제 3자를 이용한 것이다. 이 과정에서 사용자들이 AI와 나눈 대화 내용이 고스란히 노출되었다. 여기에는 민감한 개인 신변에 얽힌 내용이나 친구와 대화하며 나눈 지극히 개인적인 내용이 포함되어 있었다. 논란이 되자 애플은 공식 사과했고 네이버는 대화 내용을 녹음하는 것은 맞지만 제한적으로 이용하고 있으며 근무자들에게 보안 서약서를 받고 있다고 해명했다. 사용자에게 더 나은 맞춤형 서비스를 제공하기 위해서는 AI의 진화에 데이터가 이용될 수밖에 없지만, 이 과정에서 정보 유출과 같은 예상치 못한 문제가 발생할 소지가 있는 것이다.

또 다른 문제점도 있다. 하나는 내가 제공한 데이터로 성장한 기업에 대한 보상을 어떻게 받을 것인가다. 내가 준 데이터가 기업의 AI를 진화시켰는데, 그 가치를 기업이 갖게 된다면 기업이 사용자의 데이터를 공짜로 이용한 것이나 다름없다. 두 번째는 내 정보가 어디서 어떻게 사용될지 알 수 없다는 것이다. 내가 제공한 데이터가 어떤 범위까지 사용되는지 사용자는 통제할 수 없다. 이러한 이유로 프라이버시 이슈는 더 커질 것으로 예상된다.

다행히 여러 연구기관과 사회단체 그리고 언론에서 이 문제를 제기하면서 AI 플랫폼 기업들이 개선책을 마련하고 있다. 구글은 AI 어시스턴트의 사용 내역과 수집된 데이터를 언제든지 사용자가 확인하고 삭제할 수 있는 기능을 제공하고 있으며, 아마존은 알렉사의 음성 데이터 수집을 사용자가 직접 차단할 수 있는 기능을 제공하고 있다. 2019년 8월에는 구글과 애플이 AI를 통해 녹음된 음성 대화를 저장하고 분석하는 것을 중단한다고 발표했다.

앞으로 스마트 스피커, AI 어시스턴트, 클라우드의 AI가 더 성장하기 위해서는 개인의 데이터 주권에 대한 사회적 담론과 거버넌스 수립이 더욱 중요해질 것이다. AI로 인한 사생활 침해 이슈가 제기되고 소비자 보호 운동이 일어나면서 관련 기업들이 발 빠르게 개선과 대응책을 모색하고 있지만, 기업들은 이 부분에 대한 대책 마련을 계속해서 강구해야 할 것이다.

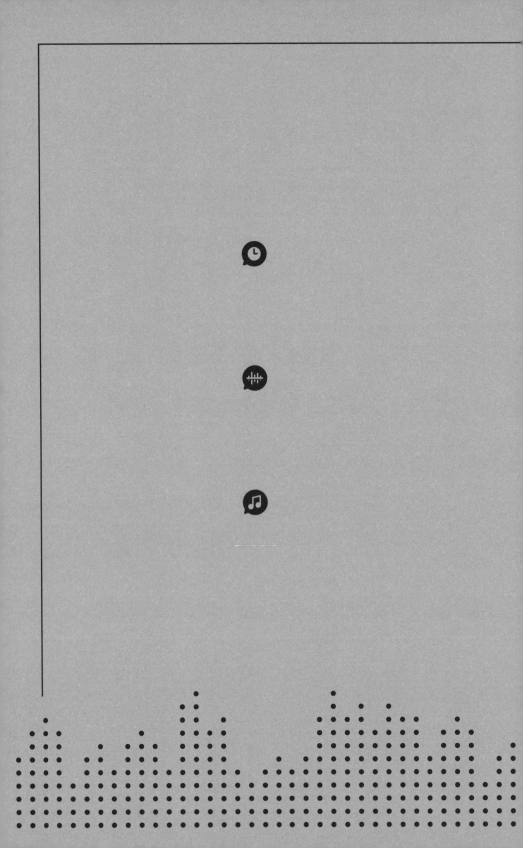

3장

AI 플랫폼의
탄생

오늘날 전 세계 시가총액 순위 10위 안에 드는 기업들을 살펴보면 애플, 마이크로소프트, 아마존, 구글, 페이스북, 알리바바, 텐센트 등 기존의 전통 기업을 찾아보기 힘들다. 이 기업들은 2가지 공통점이 있다. 첫째, 인터넷 서비스를 사업 포트폴리오로 가지고 있으며 다양한 산업 분야를 넘나들면서 사업 혁신을 추진하고 있고 둘째, 플랫폼 비즈니스를 사업의 주요 모델로 삼고 있다. 이 2가지 공통점이 그들이 시가총액에서 기존의 전통 기업을 앞지르는 데 어떤 역할을 했을까?

플랫폼 비즈니스의 역사

플랫폼은 정거장이라는 뜻으로 기차와 승객이 만나는 중계의 장이다. 다양한 목적지로 가는 기차의 시간표를 승객들에게 제공하고 좌석을 예매하도록 함으로써 승객들이 불편하지 않게 제때 목적지로 가는 기차에 탑승할 수 있도록 해준다. 이를 위해 기차들이 서로 부딪치지 않고 원활하게 운행할 수 있도록 규칙을 정하는데, 이를 플랫폼 비즈니스라고 한다.

플랫폼 비즈니스는 수백 년 전부터 존재해온 시장에서 그 역사를 찾아볼 수 있다. 시장에는 수많은 상가가 존재하고 이들이 장사를 잘할 수 있도록 마케팅이나 제도 등을 운영 및 지원하는 시장 조합이 존재한다. 특정 상가가 시장의 거버넌스를 위배하거나 다른 상가 혹은 시장을 찾은 손님들에게 불쾌한 경험을 주는 것을 막기 위한 적절한 규제도 마련되어 있다. 즉, 두 이해관계자가 만날 수 있는 장을 제공하는 것이 플랫폼 비즈니스다.

IT에서 말하는 플랫폼 비즈니스도 이와 유사한 개념이다. IT 플랫폼은 둘 이상의 이해관계자가 각자 필요로 하는 가치를 얻을 수 있도록 디지털 기술을 기반으로 중계의 장을 제공한다. 대표적인 IT 플랫폼으로는 웹과 앱스토어가 있다. 웹은 HTTP라는 프로토콜(컴퓨터 간에 정보를 주고받을 때 사용하는 통신 규칙)을 이용해서 전 세계의 컴퓨터를 연결해주는 플랫폼을 말한다. 이 플랫폼에는 내 컴퓨터를 웹에 연결해서 정보를 가져가려는 측과 정보를 제공하려는 측의 두 이해관계자가 있다. 이들은 HTTP 규약 아래 서로의 컴퓨터를 인터넷에 연결해서 정보를 주고받는다. 그렇게 주고받은 정보의 내용 그리고 주고받으면서 얻고자 하는 가치에 따라 웹이라는 플랫폼 안에서 또 다른 다양한 서비스 플랫폼을 만들어낸다.

예를 들어 네이버 웹은 지식인이라는 플랫폼을 통해 궁금한 것을 물어보는 질문자와 지식과 정보를 나눠주고 싶은 답변자가 서로가 가진 생각을 공유할 수 있도록 장을 마련해주고, G마켓과 같은 이커머스 플랫폼은 물건을 팔려는 판매자와 구매하려는 구매자가 상품을 거래할 수 있도록 해준다. 유튜브는 영상 콘텐츠를 만들어서 남들에게 보여주고 싶은 콘텐츠 생산자와 다양한 종류의 영상을 시청하고 싶은 구독자를 연결해준다. 이렇게 웹이라는 플랫폼 내에는 다양한 종류의 서비스 플랫폼들이 존재한다.

스마트폰도 하나의 플랫폼이다. 구글은 안드로이드라는 모바일 운영체제를 만들어서 스마트폰 제조사에 공개했다. 제조사는 공개된 안드로이드를 스마트폰에 탑재해서 사용자들이 표준화된 인터페이스로 일관된 사용자 경험을 가지고 모바일 서비스를 이용할 수 있도록 했다. 여기서 구글의 안드로이드가 바로 스마트폰 제조사와 사용자를 연결해주는 모바일 플랫폼이다. 이 플랫폼 안에는 안드로이드의 플레이스토어나 아이폰의 앱스토어처럼 앱 개발사와 사용자를 연결해주는 앱이라는 플랫폼이 있다. 앱 개발사는 구글이나 애플이 제공하는 규칙에 맞춰 앱을 개발하고 개발한 앱을 스토어에 등록한다. 그러면 사용자들이 스마트폰에서 원하는 앱을 검색하고 다운로드해 사용한다.

이처럼 플랫폼은 둘 이상의 대상이 서로 간에 가치 거래를 할 수 있도록 해주는 시스템이다. 플랫폼의 가치는 더욱 편리하게 더 많은 상대와 거래할 수 있도록 해주는 데 있다. 플랫폼이 없으면 이해관계자들이 거래할 상대를 찾기 어렵고 거래 기준도 없어 거래 과정에 불공정함이나 불편함이 존재해서 거래 성사율이 떨어질 수 있다. 카카오택시가 없었다면 여전히 승객이 직접 목적지까지 가는 택시를 찾아 나서야 하고 운전자도 승객을 계속 찾아다녀야 하므로 이해관계자 둘 다 불편했을 것이다.

각기 다른 플랫폼의 합종연횡

플랫폼은 크게 하드웨어, 소프트웨어, 네트워크, 서비스 4가지로 구분할 수 있다. 이들 플랫폼은 서로 영역이 다르지만, 때에 따라서는 영역이 겹쳐서 구성되기도 한다. 대표적인 하드웨어 플랫폼으로는 샤오미의 사물 인터넷 플랫폼이 있다. 샤오미는 중소 제조업체들이 샤오미가 제공하는 사물 인터넷 플랫폼을 연동하면 중소업체가 만든 제품의 하드웨어를 샤오미의 AI와 클라우드 시스템, 그리고 미MI라고 불리는 소프트웨어와 연결해서 사용할 수 있도록 해준다. 공기청정기 제조사가 공기청정기를 자동화해서 운영하려면 공기청정기의 하드웨어를 인터넷에 연결해서 소프트웨어를 통해 기기를 제어하고 공기청정기의 각종 데이터를 클라우드에 수집해야만 가능한데 이는 상당한 자원과 기술 투자가 필요하다. 하지만 샤오미의 하드웨어 플랫폼을 이용하면 제조사는 하드웨어 개발에만 역량을 집중하고 그 외의 기술과 자원은 샤오미가 제공하는 플랫폼을 이용하면 된다.

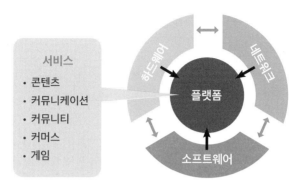

〈 플랫폼 비즈니스 〉

서비스
• 콘텐츠
• 커뮤니케이션
• 커뮤니티
• 커머스
• 게임

하드웨어

네트워크

플랫폼

소프트웨어

강력한 고객 접점을 통해 둘 이상의 이해관계자를 연결해서 생태계를 만드는 기업

소프트웨어 플랫폼은 마이크로소프트의 셰어포인트 포털이나 슬랙과 같은 애플리케이션에 다른 소프트웨어를 연동해서 사용할 수 있도록 한 것을 말한다. 10여 년 전만 해도 MS오피스 문서 편집 소프트웨어를 다른 소프트웨어와 연동해서 사용한다는 것은 흔치 않은 일이었다. 하지만 최근 소프트웨어들은 상호 연동이 자연스러워 지메일(구글)에 첨부된 MS워드 파일을 지메일 내에서 미리 볼 수 있고, 구글 캘린더를 MS아웃룩에 동기화해서 사용할 수 있다. 즉, 마이크로소프트의 셰어포인트 포털이나 슬랙, 에버노트 등에 구글의 캘린더나 트렐로와 같은 다른 소프트웨어를 호출해서 사용할 수 있다. 네이버의 검색 서비스가 네이버 블로그뿐만 아니라 다음 카페나 여러 언

론사의 뉴스를 통합해서 보여줌으로써 거대한 검색 서비스 플
랫폼이 된 것처럼 소프트웨어도 이와 유사한 방식으로 소프트
웨어 플랫폼이 되었다.

여러 영역의 플랫폼이 서로 겹쳐서 구성된 거대 플랫폼도
있다. 웹 플랫폼은 컴퓨터 하드웨어와 윈도우 소프트웨어, 초
고속 인터넷망인 네트워크로 구성되는데, 이 웹을 통해 전 세
계의 모든 컴퓨터가 연결되어 거대한 서비스 플랫폼을 운영한
다. 모바일 플랫폼은 스마트폰 하드웨어, 안드로이드 소프트웨
어, 4G LTE 네트워크로 구성되어 카카오톡, 페이스북, 인스타
그램 등 각종 서비스 플랫폼을 만들어냈다. 이렇게 여러 영역
이 합쳐진 거대한 ICT 플랫폼은 1990년대 PC통신, 2000년대
웹, 2010년대 모바일처럼 10년마다 큰 변화의 패러다임을 겪어
왔다. 2020년대에는 모든 사물이 인터넷에 연결되어 AI를 통해
통합 관리되는 AI 플랫폼 시대가 개막될 것이다.

승자 독식의 세계

플랫폼이 구축되면 수많은 이해관계자들이 참여하는 거대한
생태계ecosystem가 만들어진다. 여기서 플랫폼은 기술적 용어이
며 생태계는 비즈니스적 용어다. 이 생태계는 플랫폼에 참여하
는 사람들이 많아질수록 영향력과 규모가 커진다. 플랫폼은 구

축하는 게 어렵지 한 번 불이 붙기 시작하면 네트워크 효과에 의해 사용자가 갈수록 늘어나기 때문에 생태계를 구축한 플랫폼은 한 명의 승자가 모든 것을 독식하는 것이 일반적이다. 인터넷에 연결된 컴퓨터의 모든 정보를 한 곳에서 찾아볼 수 있도록 해준 검색 서비스 플랫폼만 봐도 전 세계적으로는 구글, 중국은 바이두, 한국은 네이버, 일본은 야후재팬, 러시아는 얀덱스가 모든 것을 독식했다. 2위 다음의 점유율이 네이버의 1/4 수준에도 못 미칠 정도로 한국의 검색 시장은 네이버가 절대 강자다.

이커머스 플랫폼, 메신저 플랫폼, SNS 플랫폼, 동영상 플랫폼도 마찬가지다. 세계적으로만 봐도 SNS는 페이스북, 동영상은 유튜브가 지배적 사업자이며 이커머스와 메신저는 나라에 따라 다르지만, 각 나라에서 지배적 사업자의 점유율이 거의 90% 이상으로 압도적인 경쟁우위를 가지고 있다. 이커머스는 중국은 알리바바, 미국은 아마존 그리고 메신저는 한국은 카카오톡, 일본은 라인, 미국과 캐나다는 왓츠앱으로 서비스 플랫폼에서 절대적인 지배력을 행사하는 사업자는 단 한 곳뿐이다.

물론 서비스의 성숙도와 경쟁 환경의 특수성에 따라 명확한 승자가 아직 정해지지 않은 경우도 있다. 이런 플랫폼은 서로 간에 1위 자리를 차지하기 위한 경쟁이 치열하다. 플랫폼 세상에서는 생태계의 1위 자리가 모든 것을 차지하게 되고 시간이 흐를수록 진입장벽이 생겨 승자의 위치는 더욱 공고해지기 때문에 기업들은 1위를 차지하기 위한 출혈경쟁도 마다하지 않는다. 특히 스마트 스피커를 기반으로 하는 AI 플랫폼은 그 어떤 생태계보다 규모가 큰 글로벌 시장이다. 이곳 승자에게는 더 큰 독식이 기다리고 있어 이 시장을 둘러싼 경쟁이 그 어느 때보다 치열하다. 현재 제조업, 통신업, 인터넷 서비스업에 이르기까지 분야를 막론하고 수많은 기업이 이 경쟁에 참여하고 있다.

플랫폼 승자의 조건

플랫폼 생태계의 성공 공식은 기존의 사업 성공 공식과는 크게 다르다. 그렇다 보니 플랫폼 비즈니스로 성공적인 사업 성과를 거둔 기업은 기존 전통 기업보다 IT를 기반으로 사업을 시작한 기업이 많다. 광고 산업에 지각변동을 일으킨 구글과 네이버, 미디어 시장에 변화를 가져온 유튜브와 넷플릭스, 유통업에 혁신을 만든 아마존, 알리바바, 쿠팡, 그리고 금융업에 변화를 만들고 있는 알리페이와 카카오페이까지 플랫폼 비즈니스에서 성공한 기업은 모두 IT 기업이다. 이들이 플랫폼 비즈니스에서 높은 성과를 보이며 성공한 것은 IT 기업이라는 특성을 이용해 전통 기업 대비 디지털 기술에 대한 높은 이해도와 기술력을 갖추고 있어서가 아니다. 그저 플랫폼 비즈니스에 대한 성공 공식을 잘 이해하고 있기 때문이다.

당장의 손실에 연연하지 않는다

플랫폼 비즈니스를 성공적으로 이끄는 핵심 공식은 이해관계자들을 만족시키는 것이다. 모든 경제학 이론에서도 고객을 만족시키는 것이 비즈니스의 기본이라고 언급되어 있지만, 플랫폼 비즈니스에서는 이에 대한 중요도가 그보다 훨씬 크다. 플랫폼은 기본적으로 둘 이상의 이해관계자가 참여해서 생태계를 구성한다. 참여한 이해관계자들 간에 상호 가치 거래를 도와주는 것이 플랫폼의 역할이며, 그 가치가 보다 편리하고 공정하게 이루어질 수 있도록 플랫폼의 거버넌스가 수립되고, 기술적인 지원이 이뤄진다. 그런데 이 기본 목적의 지향이 당장의 기업 이윤을 희생할 만큼 과감하고 적극적이다. 쉽게 말해, 당장의 기업 이윤보다 이해관계자들의 가치에 더 집중한다.

전통적인 비즈니스가 아무리 고객 가치를 지향한다고 해도 당장의 손익을 포기할 만큼은 아니다. 하지만 플랫폼 비즈니스의 경우 병적으로 이해관계자들의 가치에 집중한다. 플랫폼에 참여하는 모든 이해관계자의 가치를 기업의 이윤보다 더 중요하게 여겨 당장 영업이익에 손해가 난다고 하더라도 가치가 우선이다. 그 기간이 짧게는 5년 길게는 10년이 넘기도 한다. 네이버, 다음, 아마존, 구글, 페이스북이 플랫폼 비즈니스를 시작한 이후 손익분기점을 달성하는 데 걸린 시간만 봐도 평균 5년 이상이었다. 우버와 쿠팡, 배달의민족은 여전히 영업이익률을 플러스로 바꾸지 못한 채 2019년을 보냈을 만큼 플랫폼 비즈니스를 성공으로 이끄는 여정은 길다.

전통 기업이 플랫폼 비즈니스에서 성공하기 어려운 이유가 바로 여기에 있다. 플랫폼 비즈니스의 성공 요인에서 가장 중요한 고객 가치 실현을 위한 여정이 생각보다 길다는 것이다. 플랫폼 비즈니스에서는 승자가 모든 걸 독식하므로 시장 지배적 위치를 차지하기 위해 기업의 손해를 감수하면서까지 이해관계자들의 가치 실현에 집중한다. 평균 7년 이상을 투자하는데, 그런 긴 인내심을 지속해서 갖기란 쉽지 않다. 플랫폼 비즈니스에서 성공한 경험이 없거나 CEO의 확신에서 나온 비전이 아니라면 손해를 보면서까지 기업을 운영하기는 어렵다.

네이버가 손해를 보면서까지 지식인, 카페, 메일, 블로그 등의 서비스를 오랜 기간 투자하며 운영한 이유는 플랫폼에 참여하는 이해관계자들을 더욱 많이 확보하기 위함이다. G마켓, 옥션, 11번가, 쿠팡 등이 오랜 기간 수수료 수익을 최소화하면서 판매자와 소비자를 확보하기 위해 쿠폰 할인 등의 투자를 해온 것도 플랫폼의 지배력을 높이기 위함이다. 카카오톡이 메신저 서비스를 무료로 제공하면서 사용자 규모를 확대하려고 노력해온 것 역시 플랫폼에 참여한 사용자들의 만족도를 높이고 그들에게 가치를 제공하기 위함이다. 카카오톡은 그룹 채팅, 이모티콘, 화상통화 등 기능을 꾸준히 업그레이드하면서 사용자의 편의성을 높여 사용자들이 더욱 편리하게 메시지를 주고받을 수 있도록 했다. 반면 SMS(단문 메시지 서비스)는 유료로 서비스를 제공하면서도 여전히 사용자 가치보다 비즈니스적인 수익률을 고려해서 서비스 개선에 투자한다.

이처럼 IT 기업들은 플랫폼 시장을 지배하기 전까지는 비즈니스 수익을 고려하지 않는다. 플랫폼의 승자가 되기 전까지는 수익을 철저하게 외면한다는 것이 기존 기업들이 절대 따라 할 수 없는 철학이다.

먹지 않으면 먹히는 구조

플랫폼 비즈니스를 추진할 때 가장 큰 변수는 다른 플랫폼 그리고 플랫폼 내의 킬러앱(출시하자마자 시장을 재편할 정도로 인기 있는 상품이나 서비스)과의 경쟁 구도다. 플랫폼 비즈니스는 같은 경쟁 영역이 아닌 다른 영역의 플랫폼과도 경쟁해야 한다. G마켓과 11번가, 쿠팡과 같은 이커머스 플랫폼을 전혀 다른 영역인 검색 플랫폼이 위협할 수 있다. 실제 네이버는 검색을 기반으로 이미 국내 이커머스 시장에서 지배적인 위치를 행사하고 있다. 가격 비교 서비스, 네이버 쇼핑, 스마트 스토어로 연간 거래액이 10조 원에 육박하는 거대한 이커머스 플랫폼에 진출해서 기존 이커머스 플랫폼의 숨은 경쟁자가 되었다. 카카오톡은 메신저 플랫폼이지만 카카오TV는 동영상, 카카오페이는 간편 결제 서비스다. 메신저 플랫폼에서 시장 지배적 사업자가 된 카카오가 이 지배력을 활용해서 다른 서비스 플랫폼으로 확장을 꾀하고 있다. 실제 카카오페이는 간편결제 시장에서 상당한 영향력을 행사하고 있는데 이는 카카오톡을 기반으로 송금과 간편결제를 제공하면서 가능하게 된 것이다. 카카오페이는 이를 기반으로 금융 플랫폼에 진출할 수 있는 교두보를 확보했다.

인스타그램은 사진을 공유하는 SNS 서비스로 페이스북을 이용해서 사용자 저변을 확대했다. 인스타그램으로 촬영하고 편집한 사진을 많은 사람과 공유하는 데 페이스북 플랫폼이 크게 이바지한 것이다. 마치 20년 전 MS윈도우에서 가장 많이 사용되던 소프트웨어가 ICQ라는 메신저와 넷스케이프 브라우저였던 것처럼 인스타그램은 페이스북 플랫폼을 이용하는 외부 서비스 중에 가장 인기 있는 서비스로 이 플랫폼의 킬러앱이다. 당시 마이크로소프트는 윈도우라는 운영체제 플랫폼 내에서 메신저와 웹 브라우저가 인기를 끌자 이 두 서비스가 새로운 소프트웨어 플랫폼으로 성장 가능성이 높다는 것을 인식하고 MSN 메신저와 인터넷 익스플로러를 MS윈도우에 기본 탑재했다. 자연스럽게 사용자들이 MS윈도우에서 기존에 이용하던 타사 소프트웨어 대신 자사 소프트웨어를 이용하게 만든 것이다. 페이스북도 인스타그램이 향후 페이스북을 위협할 만큼 더 큰 플랫폼으로 성장할 것을 예측하고 2012년에 인스타그램을 인수했다. 이후 왓츠앱이라는 메신저 역시 페이스북에 대항할 수 있는 대체 서비스 플랫폼이 될 것이라 예상하고 이마저도 인수했다.

이처럼 치열하게 경쟁하는 플랫폼 비즈니스에서 살아남기 위해 유의해야 할 사항은 3가지다.

첫째, 같은 영역에 있는 경쟁 플랫폼과의 싸움이다. 플랫폼 비즈니스는 시장 선점과 함께 선두자리를 차지하면 네트워크 효과와 진입장벽으로 인해 여간해서는 1위 자리가 바뀌지 않는다. 그렇다 보니 시장 진입 단계부터 마케팅을 공격적으로 하면서 시장점유율을 확보하고, 확대하기 위한 경쟁이 치열하다. 대표적으로 2010년 초 네이버톡, 마이피플, 카카오톡, 틱톡 등 모바일 메신저 플랫폼에서의 경쟁과 2015년 삼성페이, 카카오페이, 네이버페이, 페이코 등 간편결제 플랫폼에서의 경쟁이 있다.

둘째, 전혀 다른 영역에 있는 플랫폼의 갑작스러운 침투다. 체급도 다르고 영역도 다른 분야에 있던 플랫폼이 갑자기 침투

해오는 것은 같은 영역 내의 경쟁자들과 싸우는 것보다 더 어렵다. 전기 자동차를 만드는 제조업체 테슬라가 전기 에너지 중계 플랫폼에 진출해서 기존 에너지 기업에 위기를 가져다준 것처럼 전혀 다른 체급과 산업의 기업은 다른 경쟁우위 전략을 가지고 진입하기 때문에 적절한 대응 방안을 찾기 어려운 경우가 많다. 특히 그렇게 침투한 기업이 원래 영역에서 지배적으로 플랫폼을 운영하고 있다면 싸움은 더욱 어려워진다. 구글이 검색 시장의 지배적인 영향력을 기반으로 메일, 캘린더, 유튜브, 구글 지도 등 다른 서비스 플랫폼으로 영역을 확장했을 뿐 아니라 이를 안드로이드라는 운영체제 플랫폼으로까지 연결해 모바일 시장에서도 주요 서비스 플랫폼으로 영역을 확장한 것이 대표적인 사례다.

셋째, 플랫폼 내에서 사용되는 킬러앱이 플랫폼보다 더 큰 규모로 성장해서 플랫폼화되는 것이다. 블록체인이라는 새로운 플랫폼 내에서 하나의 킬러앱에 불과했던 암호화폐와 이를 거래하는 거래소가 오히려 블록체인 기술 플랫폼보다 더 많은 사용자가 이용하는 서비스가 되면서 독자적인 거래소 플랫폼이나 암호화폐 플랫폼으로 성장한 것이 이에 속한다.

AI 플랫폼 생태계

플랫폼 비즈니스 경쟁에서 먹히지 않고 살아남은 승자는 컴퓨터와 웹 서비스로 촉발된 1세대 플랫폼에서는 네이버와 구글과 같은 검색 서비스 기업이고, 스마트폰과 앱으로 시작된 2세대 플랫폼에서는 페이스북과 카카오톡과 같은 SNS 서비스 기업이다. 그렇다면 3세대 플랫폼에서는 누가 시장을 장악할까?

　3세대 플랫폼은 AI가 탑재된 클라우드를 운영체제 삼아 각종 서비스와 소프트웨어가 설치되어 동작하는 새로운 플랫폼을 말한다. 이 플랫폼에서는 AI 어시스턴트를 인터페이스 삼아 다양한 서비스를 이용할 수 있다. AI 플랫폼은 AI의 목적과 대상에 따라 나눌 수 있는데, 여기서 다루고자 하는 AI 플랫폼은 스마트 스피커를 메인으로 다양한 사물 인터넷 기기에서 이용되는 AI 어시스턴트를 클라우드에 연결해서 AI를 이용하는 것을 말한다. 앞으로 AI 플랫폼은 우리의 인터넷 사용 경험을 크게 바꿀 것이며 비즈니스 모델과 산업도 인터넷으로 인한 변화보다 더 큰 변화를 일으킬 것이다.

AI 생태계의 5가지 구성요소

AI 플랫폼으로 구현되는 AI 생태계를 지배하기 위해서는 이를 구성하는 요소들을 살펴볼 필요가 있다. AI 생태계 구성요소는 5가지로 정리할 수 있다.

첫째, 사용자와 만나는 채널이다. AI 플랫폼에서는 AI 어시스턴트가 다양한 기기를 통해 다양한 형태로 사용자와 만난다. AI 어시스턴트를 이용해서 기기에 로그인하고 각종 데이터를 수집하며 정보의 입출력이 이뤄진다. AI 어시스턴트는 스마트폰 앱을 이용해서 기기와 사용자 계정을 등록하고 이를 클라우드에 연동하는 기능을 제공한다. 스마트폰 앱을 이용해서 AI 어시스턴트의 기능을 확인하고 새로운 기기를 클라우드 계정에 등록하는 것이다. 앞으로는 스마트폰 앱을 이용해 등록하고 설정하지 않아도 기기에서 바로 AI 플랫폼에 가입하고 로그인하는 기능이 제공될 것이다.

둘째, 클라우드다. 다양한 채널을 통해 수집된 데이터들은 클라우드에 축적되며 이 데이터들은 AI의 진화를 위한 자양분이 된다. 사용자들이 AI 어시스턴트에게 어떤 명령을 내리고, 어떤 서비스를 언제, 어떻게 사용하고 연결하는지에 대한 수집된 데이터들은 AI를 더욱 똑똑하게 만든다. 여기서 수집된 데이터를 이용해서 AI를 진화시키는 것이 클라우드다. 클라우드는 수집된 데이터만 저장하는 것이 아니라 데이터를 활용해서 개발한 서비스와 이를 AI 어시스턴트와 연계해서 자동화되어 제공되는 AI에 이르기까지 통합된 시스템으로 구성되어 있다.

셋째, 데이터다. 이는 AI의 성능을 결정하는 핵심 요소로 채널(AI 어시스턴트)을 통해 확보된다. AI는 사용자의 규모뿐만 아니라 사용자별로 확보할 수 있는 다양한 형태의 데이터가 많을수록 성능이 좋아진다. 사람들이 AI 어시스턴트를 호출했는데 실패

명령 오류 데이터도 AI를 업그레이드하는 데 중요 요소가 된다.

한 경우, 호출하지 않았는데 오류로 명령이 실행된 경우, 명령을 내렸는데 만족스러운 결과를 보여주지 못한 경우, 사용자가 필요로 하는 서비스가 없어 명령을 수행하지 못한 경우 등 각종 데이터가 많이 수집될수록 AI가 업그레이드될 기회가 많아진다. AI 플랫폼에서는 AI의 성능이 가장 중요하기 때문에 데이터를 양적·질적으로 꾸준하게 확보할 수 있는 기업이 결국 경쟁우위를 갖게 될 것이다.

넷째, 파트너사다. AI를 통해 다양한 작업을 수행하고 서비스를 이용하려면 플랫폼에 연계된 서비스와 등록된 기기가 많아야 한다. 스마트폰도 앱스토어에 사용자가 필요로 하는 앱이 많아야 사용자가 이를 탐색하고 설치해서 스마트폰을 다양한 용도로 이용할 수 있기 때문에 스마트폰 제조사와 모바일 운영체제 그리고 통신사가 앱스토어를 만들어 보다 많은 앱을 파트너로 유치하기 위해 노력한다. AI 플랫폼도 마찬가지다. 더 많은 서비스를 연동하고, 더 많은 종류의 하드웨어를 연결하는 것이 중요하다. 알렉사에는 수십만 가지의 서드파티 서비스들이 알렉사 스킬alexa skills이라는 이름으로, 구글 어시스턴트에는

알렉사와 호환된다는 표시(왼쪽)와 구글 어시스턴트를 이용할 수 있다는 표시(오른쪽)

액션 온 구글^{actions on google}이라는 이름으로 제공되고 있다. 제조사와도 파트너십을 체결하는데, 구글이나 아마존의 AI를 지원하는 제조사들은 제품에 'Works with AI'라고 표기해서 해당 기기가 어떤 AI를 지원하는지 명시하기도 한다.

다섯째, AI 알고리즘이다. AI 플랫폼은 사용자와 만나는 하드웨어와 서비스 등을 연결하는 채널과 이 채널을 통해 확보한 데이터가 모이는 클라우드, 그리고 이 같은 생태계에 참여하는 많은 기기와 서비스로 구성된다. 이때 모든 구성요소에 직접적으로 관여되어 있는 것이 AI다. 이 AI의 성능이 좋아야 알고리즘이 고도화된다. AI는 우선 사용자의 문맥^{context}을 잘 이해하고 명령을 제대로 인식할 수 있어야 한다. AI 어시스턴트를 불렀는데 이를 인식하지 못하거나 사람이 말하는 언어를 제대로 이해하지 못하면 사용자가 여러 번 반복해서 말을 해야 하므로 사용성이 떨어진다. 그리고 인식한 명령이 클라우드에 전달되면 AI가 사용자의 의도를 잘 이해하고 파악해야만 서비스를 제대로 작동시킬 수 있다. 외부 파트너들이 제공하는 기기와 콘텐츠, 서비스와 연동하는 것도 AI의 성능을 개선하고 사용자 저변을 넓히는 데 중요한 요소가 된다.

AI 플랫폼의 차별화된 가치

다음으로 앞서 살펴본 플랫폼을 구성하는 4가지 요소인 하드웨어, 소프트웨어, 네트워크, 그리고 서비스가 AI 플랫폼에서는 어떻게 적용되는지 살펴봐야 한다. AI 플랫폼은 사용자와 만나는 접점에 있는 디바이스, 클라우드의 AI, 디바이스가 인터넷에 연결될 때 필요한 5G, 로라망, 로컬 네트워크와 같은 새로운 네트워크, 그리고 여기에 등록된 서드파티third party(중소 규모의 개발자들이 주어진 규격에 맞춰 제품을 생산하는 것) 서비스로 구성된다. 그런데 AI 플랫폼에는 디바이스에 탑재되어 사용자와 클라우드의 AI를 연결해주는 음성인식 AI 어시스턴트가 있다. 이 AI 어시스턴트는 어떤 하드웨어에 탑재되어 어떤 소프트웨어 위에서 어떤 네트워크로 제공될까? AI 어시스턴트는 소프트웨어일까, 서비스일까? 이렇게 구분하는 게 맞을까? 이를 정의하면 AI 플랫폼이 기존의 다른 플랫폼들과는 어떻게 상호 연계와 경쟁 구도를 펼치는지를 알 수 있고 AI 플랫폼만의 차별화된 가치를 이해할 수 있다.

구글을 예를 들어 설명하면, 구글 어시스턴트는 구글이 만든 지능형 가상 비서 서비스다. 기본적으로 안드로이드에 소프트웨어 형태로 탑재되어 있고 아이폰에는 앱의 형태로 설치해서 사용한다. 이를 이용하면 안드로이드의 주요 설정을 제어하고 구글의 서비스들을 호출해서 사용할 수 있다. 사용 방법은 음성을 이용해 사람과 대화하듯 말하거나 명령어를 타이핑하면 된다. 그렇다면 이 서비스는 어떤 하드웨어에서 동작하는 걸까? 기본적으로 구글의 각종 하드웨어(구글홈, 네스트 허브 등)에 내재화되어 있고, 안드로이드가 탑재된 모든 기기와 구글과 제휴한 모든 하드웨어에 탑재되어 있다. 컴퓨터의 윈도우, 스마트폰의 안드로이드처럼 사물 인터넷 기기에서는 운영체제와 다를 바 없을 만큼 기본적으로 내재화된 소프트웨어로서 기존의 운영체제와 같은 역할을 한다.

AI 플랫폼에서 AI 어시스턴트에 주목해야 하는 이유는 이 서비스가 킬러앱을 넘어 모든 사물 인터넷 기기에 쉽게 탑재되는 운영체제 역할을 하기 때문이다. 운영체제는 수많은 서비스를 잉태할 수 있는 기반으로 플랫폼 위에 있는 거대 생태계를 구축할 수 있는 최상위 단계에 있다. 윈도우, iOS 등은 기껏 해봐야 컴퓨터와 스마트폰 등 제한된 기기에서만 사용할 수 있지만, AI 어시스턴트는 기기를 가리지 않고 모든 서비스를 연결해준다. 독자적으로 동작하는 것이 아니라 클라우드와 연동되어 AI와 짝을 이뤄 운영되기 때문에 가장 큰 규모의 생태계가 될 수 있다.

아마존의 AI 플랫폼은 스마트 스피커인 에코뿐만 아니라 자동차, 냉장고 등 다양한 기기에 탑재된 AI 어시스턴트인 알렉사와 클라우드인 AWS의 AI로 구성된다. 알렉사는 기기를 AWS

에 연결시키고 AWS는 연결된 기기에서 수집한 데이터를 기반으로 더 나은 서비스를 제공한다. 일례로, 알렉사가 탑재된 공기청정기는 클라우드에 수집된 공기청정기 사용 관련 데이터를 바탕으로 기기가 더욱 효율적으로 작동할 수 있도록 알고리즘을 고도화해 기기를 제어한다. 공기청정기에 알렉사를 탑재하지 않고 에코의 알렉사와 연동해서 간접적으로 사용할 수도 있다. 이렇게 알렉사를 이용해서 기기를 조작하는 것이 제조사별로 기기에 탑재한 독자적인 소프트웨어를 이용한 앱이나 리모컨보다 편리해지면 사용자는 제조사의 소프트웨어를 외면하게 될 것이다. 그렇게 되면 알렉사는 모든 사물 인터넷 기기에 필요한 킬러앱이자 운영체제와 유사한 존재 가치를 가지게 된다. 이것이 가속화되면 AWS에는 더 많은 데이터가 쌓이고 알렉사는 더 많은 사용자를 확보하게 된다. 알렉사를 사용하는 사람들이 많아지면 알렉사를 탑재한 기기들도 많아지므로 알렉사는 더 많은 기기에서 데이터를 수집하게 된다. 이러한 선순환 과정을 통해 수집된 AWS의 데이터로 아마존의 AI는 더욱 진화할 것이다.

알렉사는 이제 기기뿐만 아니라 서비스에도 연동된다. 기기와 동일하게 연동할 서비스를 알렉사에 등록만 하면 서비스마다 제공되는 앱을 따로따로 실행하지 않고도 알렉사 하나로 음악을 듣고, 영화 예매를 하며, 맛집을 탐색하고, 우버를 호출할 수 있다. 하드웨어와 함께 수많은 서비스를 알렉사에 연결해서 사용하는 것이 일상화되면 알렉사는 모든 하드웨어와 서비스의 기반 플랫폼으로서 거대한 AI 생태계를 구축하게 된다.

이처럼 AI 플랫폼은 특정 기기를 넘어 하드웨어, 소프트웨어, 그리고 서비스마저 아우르게 될 것이다. 게다가 윈도우나 구글, 네이버, 페이스북과 같은 플랫폼보다 더 큰 파급력을 가지고 있어 그 어떤 IT 플랫폼도 다 아우를 수 있다. AI에 등록된 기기와 소프트웨어, 그리고 서비스는 스마트폰에 소프트웨어를 설치하거나 PC에서 웹 브라우저를 열고 사이트에 방문하는 것과는 달리 AI 어시스턴트에 원하는 것을 요구하면 자동으로 알아서 제공한다. 그렇기 때문에 시간이 흐를수록 AI는 더 많은 것을 집어삼키고 사용자 규모와 트래픽도 거대해져 AI 어시스턴트를 통하지 않으면 사용자를 만날 수 없게 될 것이다. 한마디로 AI 플랫폼은 기존 플랫폼 전체를 대체할 수 있는 전무후무한 플랫폼으로 킬러앱마저 AI 플랫폼을 벗어날 수 없게 만드는 지배적인 자리를 차지할 것으로 전망된다.

AI 플랫폼의 진화와 영향

AI 플랫폼이 대중화되면서 컴퓨팅, 인터넷 등 디지털 서비스를 사용하는 경험이 변화하고 있다. 이 변화는 곧 AI 플랫폼과 관련된 서비스들이 사업을 전개하면서 유념해야 할 점이다. 고객이 AI 플랫폼을 사용하면서 새로운 경험을 고대하면 그에 발맞춰 사업의 혁신 방향도 잡아야 한다. 컴퓨터에서 웹을 이용하고 스마트폰에서 앱을 이용하는 것이 다르듯이 AI 플랫폼을 이용해서 AI 어시스턴트를 기존과 다르게 사용하면 기업들도 그에 맞춰 서비스와 사업을 진화시켜야 한다. 그러므로 사용자들이 AI 플랫폼에 무엇을 기대하고, AI 어시스턴트를 어떻게 사용하게 될지에 대한 답을 찾는 것이 중요하다.

로컬 기기로부터 자유로워지다

웹에서 서비스를 이용하기 위해서는 브라우저를 실행하고 해당 서비스를 제공하는 홈페이지에 연결해야 하며, 특정 기능을 수행할 때 필요한 소프트웨어를 설치해야 한다. 스마트폰도 앱스토어에서 사용하고자 하는 앱을 검색하고 설치해야만 이용할 수 있다. AI 플랫폼은 사용하는 로컬 기기에 설치하는 방식이 아니다. 필요한 것을 클라우드의 AI 플랫폼 내에 있는 계정에 등록만 하면 된다. 로컬 기기에 종속될 필요 없고 로컬의 자원을 이용하지 않아도 된다. 스마트폰은 주로 2~3년마다 기기를 변경하는데 변경할 때마다 동기화를 통해서 사용하던 앱이나 저장된 데이터를 내려받아야만 사용하던 것들을 그대로 이용할 수 있다. PC는 기기를 교체할 경우 그간 이용하던 사용자 경험을 고스란히 가져오는 것 자체가 어렵고 복잡하다. 하지만 AI 플랫폼은 어떤 기기를 사용하든 클라우드에 모든 것이 기록되기 때문에 기기를 교체하거나 변경해도 기존 사용자 경험을 쉽게 이어서 이용할 수 있다.

그런데 기기 교체가 쉬워지고 어떤 기기에서든 AI에 연결해서 서비스를 이용할 수 있게 되면 제조업체의 사용자 접점은 사라지게 된다. 기존 기기들은 로컬 디바이스의 메모리와 CPU 등의 성능이 서비스를 이용하는 중요한 기준이기 때문에 제조업체는 기기의 성능을 업그레이드해서 기기의 재판매 기회를 가질 수 있었고, 하드웨어에 운영체제나 특정 앱 등을 설치할 수 있는 단말기 제어권을 기반으로 영향력을 행사해왔다. 이는 기기를 사용하면서 설정했던 내역들을 다른 기기로 이동하거나 다른 브랜드로 바꾸기 어렵게 만든 허들이기도 했다.

그런 이유로 스마트폰도 클라우드를 통해 기존 사용 환경을 고스란히 새 기기에 적용할 수 있도록 지원한 것이다. 모바일 운영체제인 안드로이드를 제공하는 구글은 스마트폰에 탑재된 운영체제의 제어권을 활용해서 클라우드에 모바일의 사용 환경과 경험을 고스란히 제공함으로써 제조사보다 경쟁우위를 가지고 모바일 지배력을 행사했다. 하지만 AI 플랫폼은 하드웨어나 소프트웨어 차원을 넘어 클라우드에 직접 사용자의 모든 경험을 기록해두기 때문에 기기나 운영체제와 무관하게 시장 지배력을 확보할 수 있다.

결국, 제조업체나 서비스업체는 AI 플랫폼에 철저히 종속당하게 될 것이다. AI에 연결하지 못하는 기기와 서비스는 사용자와의 채널을 잃게 되고 고객을 만날 수 없게 되므로 모든 기기와 소프트웨어, 서비스는 AI와 연결된 클라우드에 등록해야만 한다. 이렇게 AI를 품은 클라우드는 기업을 대상으로 인프라, 플랫폼 그리고 솔루션 등을 제공하면서 B2B 사업의 기회까지 마련할 수 있을 것이다.

디바이스의 입체적 사용

구글 어시스턴트를 이용하면 구글 AI 플랫폼에 여러 개의 스피커를 등록할 수 있다. 등록한 스피커 중 집 안에 있는 스피커만 한데 묶어 그룹으로 설정할 수도 있다. 스피커를 그룹으로 설정해두면 한 번의 명령으로 집 안에 있는 모든 스피커를 동시에 작동시켜 집 전체에 음악이 울려 퍼지도록 할 수 있고, 스피커 2대만 연결해서 스테레오 스피커

구글 어시스턴트를 지원하는 집 안의 모든 스피커를 그룹으로 묶어서 동시에 같은 음악을 들을 수 있다. 집 안 전체에 하나의 음악이 재생되는 것이다.

로 구성할 수도 있다. AI를 통해 물리적으로 분리된 스피커들을 하나로 묶어서 운영하는 것이다. 집 밖에서도 스마트폰의 구글 어시스턴트에 명령을 내려 집 안에 있는 스피커를 작동시킬 수 있다.

이때 명령을 입력받은 기기에서 꼭 출력이 될 필요가 없다. 명령 입력은 A기기에 했지만, 실제 출력은 B나 C기기에서도 가능하다. 냉장고에 탑재된 빅스비에 에어컨을 켜달라고 명령하면 빅스비가 이 명령을 이해해서 에어컨을 작동시킨다. 구

글 크롬캐스트나 애플의 에어플레이라는 기능을 이용하면 휴대폰으로도 TV 화면을 제어할 수 있는데, 이것은 휴대폰에 설치된 앱을 이용해 휴대폰과 TV를 같은 네트워크에 연결해서 TV 화면을 조작하는 것이다. 휴대폰에 설치한 앱이 일종의 리모컨이라고 보면 된다. AI 플랫폼은 여기서 한 단계 더 진화해 같은 네트워크가 아니더라도 상관없다. 등록된 기기들이 클라우드에 연결되어 있어 A기기에 명령을 입력해도 클라우드의 AI가 이를 인식해서 B나 C기기처럼 명령에 맞게 여러 기기에서 결과를 수행한다.

TV나 에어컨 등을 켜고 끄는 단순한 기능을 넘어 훨씬 더 복잡한 기능도 가능하다. 사용자가 일일이 조명을 켜라, 에어컨을 세게 틀어라 등 단일 명령어로 AI 플랫폼을 이용하는 것은 기존에 리모컨으로 조작하는 것을 음성으로 바꾼 것에 불과하다. AI 플랫폼에서는 하나의 명령 혹은 별도의 명령 없이도 자동화된 서비스를 제공하는 것이 핵심이다. 집, 자동차, 사무실 그리고 우리가 일상을 보내는 수많은 공간에서 기존의 조작 방식과는 완전히 다른 경험이 요구된다. 그러므로 다양한 채널을 통해서 들어오는 여러 명령을 체계적으로 분석해서 많은 기기와 연계된 서비스 경험을 어떻게 만들 것인지를 고민해야 한다.

단, 모든 기기가 AI의 접근을 허용하고 제어할 수 있도록 해야만 이 같은 입체적인 서비스 구현이 가능하다. 만일 AI가

집

집 구성원 초대 ✕

| 끄기 | 커기 | 재생 | 온도 조절기 | 카메라 | 루틴 | 추가 | 설정 |

거실
기기 12대

| 거실 | 거실오디오 | 거실홈 | 주방 | 냉장고 Cooler |

| 냉장고 Freezer | 에어컨 | 거실 | 냉장고 | 냉장고 CV Room |

| 세탁기 | Samsung 8 Series -hw |
| 꺼짐 • 켜짐 | 꺼짐 • 켜짐 |

서재
기기 5대

| 서재 조명 | 서재 | 책상 | 서재 |
| 꺼짐 • 켜짐 | | | |

안방
기기 5대

| 안방 조명 | 안방 | 안방침대 | 안방 |
| 꺼짐 • 켜짐 | 일시중지 | | |

작은방

구글홈을 활용해 AI 플랫폼에 기기들을 방별(집 안)로 등록해서 자동화된 스마트홈 서비스를 경험할 수 있다.

기기에 접근할 수 없다면 사용자의 기기 사용 경험은 반감되고 입체적인 사용자 경험을 제시할 수 없게 되므로 그런 기기는 사용자들이 더 이상 찾지 않을 것이다. 결국, 모든 기기와 서비스는 클라우드의 AI 플랫폼을 중심으로 작동하게 될 것이다.

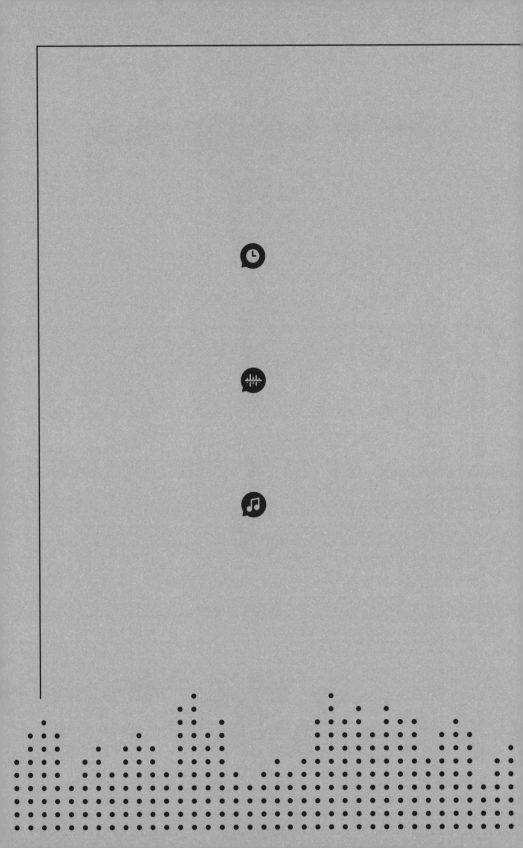

4장

AI 플랫폼 전쟁의
시작

2019년 AI 플랫폼을 둘러싼 경쟁이 정점에 이르면서 스마트 스피커가 전 세계적으로 2억 대, 국내에서는 800만 대가 보급되었다. 2020년대 부터는 스마트 스피커가 PC나 스마트폰보다 더 빠른 속도로 보급되어 대중화될 것이다. 그렇게 되면 AI 생태계가 본격적으로 형성되기 시작해서 새로운 비즈니스의 기회가 생겨난다. 한국 시장은 아직 미지수지만 해외의 경우 이미 아마존과 구글의 2파전으로 흘러가고 있다. 이 전쟁의 승자는 웹이나 모바일 플랫폼과는 비교도 할 수 없을 만큼 엄청난 시장 지배력을 행사하며 IT 산업은 물론 제조업, 통신업, 유통업, 광고업 등 다양한 산업에 영향을 끼칠 것으로 전망된다. 향후 누가 이 시장을 지배하게 될까?

아마존 vs. 구글

AI 플랫폼의 대표적인 시장 지배적 기업은 아마존과 구글이다. 아마존은 구글보다 먼저 스마트 스피커(에코)와 AI 어시스턴트(알렉사)를 출시해서 시장 선점에 성공했고, 구글은 구글의 다양한 채널을 통해 구글 어시스턴트를 서비스하면서 그 뒤를 바짝 추격하고 있다. 여기서 주목할 점은 이 두 기업이 같은 사업을 펼치고 있지만, 전략은 다르다는 것이다. 이들의 전략적 차이점에서 우리는 어떤 시사점을 찾을 수 있을지 살펴보자.

아마존의 B2B 클라우드 전략

아마존은 일반 사용자를 대상으로 한 AI 플랫폼 시장에서 가장 먼저 크고 탄탄한 생태계를 구축하고 있다. 우선 스마트 스피커 라인업이 가장 다양하며 앞서 있다. 고품질의 사양을 갖춘 에코와 작은 크기로 알렉사를 집 안 곳곳에서 만날 수 있도록 해주는 에코닷, 디스플레이가 탑재된 에코쇼에 이르기까지 여러 종류의 스피커들을 출시했고, 외부 스피커 제조사나 가전기기, 자동차 업체와도 제휴를 맺어 많은 기기가 알렉사를 탑재하고 있다. 2018년 기준으로 4,500개 브랜드의 3만 개가량의 기기에 알렉사를 연결해서 사용할 수 있으며 알렉사가 탑재된 기기는 1억 대가 넘는다. 이는 지금도 꾸준히 증가하고 있다.

이보다 더 중요한 것은 알렉사에 등록된 사용 가능한 외부 서비스들이 8만 가지(2019년 5월 기준)가 넘는다는 것이다. 이 서비스를 '스킬'이라고 부르는데, 예를 들어 '7분 운동7 minutes work-out' 스킬은 45가지가 넘는 운동을 할 수 있도록 동기 부여와 함께 구체적인 운동 방법을 안내한다. 운동의 목표를 이야기하면 자동으로 적절한 운동을 추천해주며 운동을 독려하는 구령과 음악을 들려준다. '상식common knowledge'은 퀴즈를 통해 생활상식을 키워주는 스킬이고, '아이 키우기baby stats'는 신생아를 키우는 부모를 위해 수유와 기저귀 간 시간을 기록하고 이를 통계화해준다. 아이가 얼마나 먹고 얼마나 쌌는지를 쉽게 기록할 수 있으며 하루, 1주일 등 기간별로 평균 통계 정보를 확인할 수 있다. 이러한 스킬들은 스킬 스토어에서 만나볼 수 있다.

아마존은 더 많은 서비스를 사용자들이 이용할 수 있도록 개발자들에게 스킬을 쉽게 개발할 수 있는 ASK^{Alexa Skills Kit}라는 API를 제공한다. ASK를 이용하면 알렉사에서 사용할 수 있는 맞춤형 음성인식 기반 서비스를 개발할 수 있다. 뉴스 브리핑과 같은 간단한 음성 지원 서비스부터 스마트홈 제어와 비디오 스트리밍 서비스와 같은 복잡한 기능까지 구현 가능하다. 이러한 서비스를 직접 개발하려면 음성인식 기술, 자연어 처리, TTS^{Text to Speech} 등 여러 기술이 필요한데 ASK를 이용하면 이런 기술을 자체적으로 가지고 있지 않아도 된다. AVS^{Amazon Voice Service}는 하드웨어에 알렉사를 탑재할 수 있도록 해주는 API다. 제조사들은 AVS를 이용해서 자신들이 만드는 기기에 알렉사를 탑재해 아마존의 에코처럼 알렉사가 탑재된 사물 인터넷 기기를 만들 수 있다. 이는 안드로이드가 탑재된 스마트폰 등 2세대 플랫폼에서도 구동이 가능해 확장성이 뛰어나다.

현재 아마존은 일반 사용자를 대상으로 한 서비스에서 기업을 대상으로 한 A4B^{Alexa for Business} 서비스로 확장 중이다. A4B는 일반 사용자용 음성 비서 서비스인 알렉사를 B2B로 확대한 것으로 B2C처럼 AVS와 ASK를 활용해서 구현할 수 있다. 이 서비스는 음성을 활용한 업무 자동화에 초점을 맞추고 있으며

〈 아마존 A4B 전략 〉

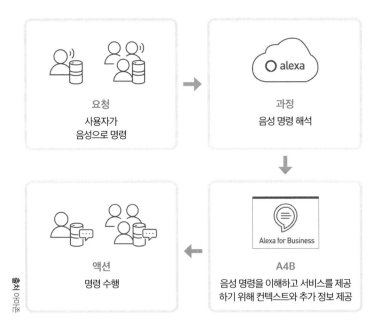

요청
사용자가
음성으로 명령

과정
음성 명령 해석

액션
명령 수행

A4B
음성 명령을 이해하고 서비스를 제공
하기 위해 컨텍스트와 추가 정보 제공

출처: 아마존

아마존의 AI B2B 사업인 A4B는 알렉사를 기업 대상으로 서비스를 제공하는 것이다.

회사에서 컴퓨터로 업무를 처리할 때 업무 효율을 높여준다. 일례로, 독일 제휴 파트너사에 이메일을 회신할 때 번역 사이트를 이용하지 않고 A4B로 구축된 AI 솔루션을 이용하면 음성으로 말한 내용이 독일어로 자동 번역되어 이메일에 타이핑된다. 영어는 기본이며 독일어, 일본어 등이 지원되고 있다. 작년에 독일에서 판매된 신제품의 매출과 미국에서의 매출을 비교해달라고 책상 위에 놓인 스마트 스피커에 요청할 수도 있다.

회사 내의 각종 자료를 음성을 이용해서 검색하고 결과도 음성으로 듣는 것이다. 내용을 눈으로 보고 싶으면 컴퓨터 화면에 출력해서 보면 된다. 알렉사에는 스킬 청사진skill blueprints이라는 기능이 제공되는데 이는 알렉사에 특정 명령이나 질문을 할 때 사용자가 미리 입력한 내용이 출력되도록 하는 것이다. 이러한 기능은 B2C는 물론 B2B로 특화되어 매뉴얼이나 고객 지원을 지원하는 용도로 확장해서 사용할 수 있다.

이처럼 개인이나 기업이 일상이나 업무에서 알렉사를 이용하거나 개발자가 스킬을 만들어 운영하려면 아마존의 클라우드인 AWS를 활용하는 것이 효과적이다. 이는 아마존이 스킬을 만들어 고객들에게 서비스를 제공하고 알렉사를 이용해서 사업을 운영할 때 AWS를 이용하도록 유도한 것이다. 이를 통해 아마존은 클라우드 사업에서도 실질적인 성과를 거두고 있다. 즉, AI 플랫폼을 통해 아마존의 주력 사업인 클라우드에 이바지하는 구조를 만든 것이다.

구글의 B2C 마케팅 전략

구글은 스마트 스피커인 구글홈 외에도 여러 제조사와 전략적 제휴를 기반으로 구글 어시스턴트를 탑재한 스피커들을 출시하고 있다. 무엇보다 방대한 구글의 웹 서비스와 검색 그리고 안드로이드를 연계해 구글 어시스턴트로 할 수 있는 서비스가 많다는 점이 가장 큰 특징이다. 이미 많은 사람이 사용하고 있는 구글의 유튜브와 캘린더, 뉴스, 지메일은 물론 구글의 안드로이드가 탑재된 스마트폰과도 연계함으로써 아마존보다 더 강력한 서비스 확장성을 갖추고 있다. 사무실 책상 위에 있는 구글홈의 구글 어시스턴트를 호출해서 스케줄을 확인하고, 크롬캐스트에 연결된 TV를 통해 유튜브나 컴퓨터에서 보던 영상을 이어서 볼 수 있다. 앞으로는 구글 어시스턴트를 호출해서 새로 도착한 메일의 내용을 스피커를 통해서 들을 수 있을 것이다. 특정인이 최근 1주일 이내에 보낸 메시지를 찾아보거나 지난 1년 동안 가장 자주 메일을 주고받은 사람이 누구인지 확인하는 것도 음성으로 즉시 가능하게 될 것이다. 이렇게 기존의 웹과 스마트폰에서 사용하는 서비스들을 구글 어시스턴트에 등록해서 이용하면 더 쉽고 빠르게 활용할 수 있다는 점이 구글이 내세우는 강점이다.

2019년 1월 기준으로 구글은 구글 어시스턴트의 제휴 제조사를 확대하면서 1,600개 이상의 브랜드와 제휴를 맺고 1만 개 종류의 기기에 구글 어시스턴트를 등록했다. 게다가 전 세계 수십억 대가 보급된 안드로이드 스마트폰과 안드로이드가 탑재된 태블릿, 크롬 브라우저가 내장된 크롬북 등을 통해서 사용자와 만날 수 있으며, 아이폰이나 아이패드에도 구글 어시스턴트 앱을 설치하면 사용할 수 있어 접근성 면에서는 알렉사보다 더 뛰어나다. 알렉사는 스피커와 사물 인터넷 기기를 구글 어시스턴트보다 훨씬 많이 지원하고 있지만, 구글은 사용자가 이미 많이 확보된 구글의 안드로이드를 통해 구글 어시스턴트를 스마트폰에서도 사용할 수 있게 만들어서 사용자 저변이 훨씬 크다고 할 수 있다. 구글은 이러한 고객 접점과 제휴 서비스의 파워를 이용해 계속해서 영향력을 확대해가고 있다.

구글은 AI 기술력도 뛰어나다. 구글 어시스턴트에 입력된 명령을 다이렉트 액션direct actions과 컨버세이션 액션conversation actions으로 구분해서 이해하도록 만들었다. 다이렉트 액션은 알렉사처럼 1문 1답으로 "조명을 낮춰줘", "넷플릭스에서 로맨틱 영화를 찾아줘"와 같이 직접 질문을 던지고 답을 받는 방식이다. 컨버세이션 액션은 사람에게 말하듯이 AI 어시스턴트와 대화를 주고받으면서 명령을 수행하는 방식이다. B2C 인터넷 서비스를 오래 해온 구글답게 사용자 경험을 구분해서 AI 어시스턴트 서비스를 제공한다. 사람을 대신해 전화 예약을 직접 해주는 AI 어시스턴트 서비스인 구글 듀플렉스duplex도 있다. 기존 AI 어시스턴트는 사람이 명령하면 그에 대한 응답으로 서비스가 전개되지만 듀플렉스는 AI 어시스턴트가 직접 전화를 걸어서 식당을 예약하는 등 고성능의 AI 기술이다. 자연어 처리 플랫폼인 다이얼로그플로dialogflow는 개발자가 대화형 상호작용을 쉽게 정

〈 코로나-19 가상 에이전트 〉

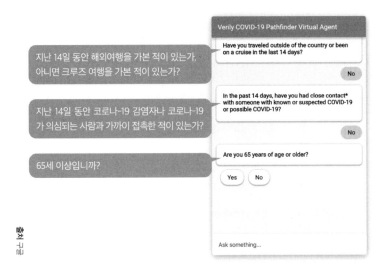

구글 클라우드는 2020년 4월 10일 코로나 문의에 대응하는 AI 챗봇 '컨택 센터 AI'를 지원한다고 밝혔다. 이는 신속 응답 가상 에이전트 프로그램으로 언제 어디서든 음성이나 채팅을 통한 자연스러운 대화형 서비스로 고객을 위한 첫 번째 응답 라인을 제공한다. 구글 대화형 AI 플랫폼 다이얼로그플로가 한국어를 포함한 23개 언어를 지원해서 전 세계 어디서든 사용할 수 있다.

의하고 만들어 관리할 수 있도록 도와주는 챗봇 빌더 플랫폼이다. 이 플랫폼은 사용자 질문의 의도를 파악해서 적절한 서비스를 찾아내고 대화 형식으로 해결해주는 액션 개발에 이용된다. 시나리오 기반 상담 방식으로 단순 문의뿐만 아니라 탑재된 시나리오에 없는 대화나 질의에도 대응할 수 있다. 이처럼 구글은 사용자 경험과 관련된 부분에 있어서는 기술 투자를 아끼지 않는다. 게다가 이렇게 개발한 AI 기술을 외부 서비스사들이 사용할 수 있도록 공개해서 자연스럽게 구글 어시스턴트를 이용하도록 유도하고 있다.

또한, 구글은 웹과 다르게 AI 플랫폼에서는 디스플레이와 사운드 기반의 기술 표준을 정립하고 이를 서드파티에 제공함으로써 구글 어시스턴트에 콘텐츠와 서비스를 쉽게 등록할 수 있게 했다. 이를 토대로 구글 어시스턴트를 구글 검색처럼 AI 플랫폼의 범용적인 킬러앱으로 자리매김하게 함으로써 웹과 모바일을 넘어 다양한 디바이스에 구글의 영향력을 높이려 하고 있다. 그 과정에서 확보한 고객의 데이터는 구글의 서비스 채널과 AI 어시스턴트에서 광고 마케팅 사업을 하는 데 사용될 것이다. 구글의 기본적인 비즈니스 모델인 광고 사업에 이 데이터가 사용되면 광고 적중률은 더욱 높아지고, 구글 어시스턴트를 통해서 새로운 채널이 만들어져 광고를 게재할 수 있는 인벤토리도 더 커지게 된다. 웹에서 검색 광고가 등장했고 앱은 모바일 광고를 가능하게 했으며, 유튜브로 인해 새로운 디스플레이 광고 시장의 기회가 확대된 것처럼 AI도 새로운 마케팅 비즈니스의 기회를 만들 것이다.

막상막하의 승부

미국, 캐나다, 유럽은 아마존과 구글이 치열한 1, 2위 경쟁을 하면서 시장을 양분할 것으로 예상된다. 이미 음성 AI 어시스턴트 분야에서 사용자를 충분히 확보한 아마존의 알렉사는 시장 선점을 통해 사용자 저변을 넓혔고 서드파티 서비스 확보와 기존 쇼핑몰 사업을 활용해서 스마트홈 가전기기와의 전략적 제휴까지 확대한 덕분에 구글이 쉽사리 아마존의 AI 생태계를 무너뜨리기는 어려울 것으로 보인다. 실제 AI 어시스턴트의 사용 시간 측면에서도 알렉사가 더 우위에 있다.

하지만 구글도 만만치 않다. 웹과 모바일에서의 플랫폼 저력과 여기서 운영하는 다양한 서비스와 연계한 구글 어시스턴트의 접근성은 무시할 수 없는 경쟁력이다. 구글 어시스턴트는 알렉사가 하기 어려운 기존의 웹과 모바일에서 사용하던 서비스를 AI 플랫폼에 그대로 연계해서 사용할 수 있는 서비스를 제공하면서 아마존을 바짝 추격 중이다. 이 서비스는 간단한 검색, 최신 뉴스, 라디오나 음악 청취, 스케줄과 이메일 확인, SMS와 메신저의 송신과 수신 메시지 확인 등 기존에 사용자들이 이용하던 서비스들의 연장선상에서 새로운 사용자 경험을 제공한다. 구글은 서비스 영역이 방대하고 사용자층이 두텁기 때문에 이 서비스를 PC나 스마트폰, 태블릿을 넘어 다른 인터페이스에서도 사용하려는 사용자의 니즈가 있을 것이

〈 글로벌 스마트 스피커 시장점유율 〉

(단위: %)

2018년 4분기
2019년 4분기

	아마존	구글	바이두	알리바바	샤오미	애플
2018년 4분기	35.5	30.0	5.7	7.3	4.5	4.1
2019년 4분기	28.3	24.9	10.6	9.8	8.4	4.7

자료: 스트래티지애널리틱스

다. 그런 만큼 구글뿐만 아니라 웹과 모바일에서 서비스하는 기업들은 새로운 인터페이스와 AI 플랫폼을 기반으로 고객 경험을 개선하고 확장하기 위한 노력을 해야 한다. 구글은 이미 웹과 모바일에서 시장 지배력을 갖춘 플랫폼 기업인만큼 AI 어시스턴트에서도 기존 지배력을 부분적으로는 유지할 수 있을 것이다.

다만, 기존의 서비스를 활용하는 수준으로 AI 플랫폼에서 새로운 경험을 제공하는 것은 플랫폼 시장을 지배하는 데 한계가 있다. AI 플랫폼에서만 할 수 있는 완전히 새로운 서비스 경험이 필요하다. 그런 측면에서 알렉사는 기존의 웹이나 모바일로 접근하기 어려운 새로운 서비스 경험을 제시하고 있으며 그런 서비스들이 점점 알렉사의 생태계에 둥지를 틀고 있다는 점에서 알렉사가 여전히 AI 플랫폼 시장에서 경쟁우위에 있다고 할 수 있다. 그러므로 구글은 기존 서비스 경쟁력으로 자체 AI 플랫폼에 구글의 서비스와 일부 연계 서비스를 제공하는 방식으로 사용자를 확보해서 주도권을 가져와야 한다. 웹과 모바일에서 서비스하는 기업들도 모든 AI 플랫폼에 다 도전하기보다는 경쟁력 있는 AI 플랫폼을 선택해서 서비스를 제공해야 한다.

AI 플랫폼의 승자가 되기 위한 중요 변수 중 하나는 기존의 인터넷 서비스 플랫폼에서는 제공하지 못한 기능의 수행이다. 그중에서 가장 대표적인 것이 스마트홈 서비스다. 집 안의 기기들을 제어하고 관리할 수 있는 서비스가 AI 어시스턴트에서만 제공할 수 있는 대표적인 기능이다. 이 스마트홈에서 경쟁력을 키우기 위해서는 다양한 기기를 플랫폼에 등록할 수 있게 더욱더 많은 제조사와 제휴를 맺어야 하고, AI 어시스턴트에서 기기를 손쉽게 조작 및 관리할 수 있도록 기기별로 특성에 맞는 기능이 제공되어야 한다. 기존에 출시된 서비스가 아닌 AI 어시스턴트와 연계한 새로운 서비스가 많이 출시될 수 있도록 생태계를 탄탄하게 갖춘 AI 플랫폼이 승자가 될 확률이 높다.

결국, AI 플랫폼의 승자는 얼마나 많은 제조사와 제휴를 맺고 기기를 등록했는지가 중요한 지표다. 그리고 AI 플랫폼 내에서 서비스를 개발하고 운영할 수 있는 개발툴을 편리하게 이용할 수 있도록 쉽게 만들어서 다양한 외부 서비스가 제공되는지가 중요하다. AI 플랫폼에서 서비스를 제공해야 하는 기업들은 더 강력한 개발툴과 확장성을 제공하는 AI 플랫폼을 선택할 것이다. 스마트폰 시장의 애플과 구글처럼 AI 플랫폼도 여러 기업이 쉽게 도전할 수 있는 영역이 아니다. 절대 강자 2곳 정도가 살아남게 될 것이고 그 외의 기업들은 어떤 AI 플랫폼에 주력할 것인지, 아니면 절대 강자 2곳 모두에 서비스를 제공할 것인지를 고려하는 게 더 좋은 방법이다.

미국, 캐나다, 유럽 외의 국가에서는 아마존의 알렉사보다 구글과 각 국가 내의 AI 플랫폼들이 경쟁할 것으로 보인다. 구글은 전 세계에 서비스하고 있는 자동 번역 서비스 덕분에 영어권 외에서는 아마존보다 영향력이 크다. 구글이 유일하게 검색 시장을 지배하지 못한 한국(네이버), 일본(소프트뱅크 재팬), 러시아(얀덱스), 중국(바이두), 체코(세즈남) 등에서도 스마트폰 보급과 함께 모바일 시장이 커지면서 구글이 경쟁력을 가지게 되었다. 다만 각 국가 내에서 지배적인 인터넷 사업자와 제조사, 통신사가 있기 때문에 이들과 구글의 경쟁이 치열할 것으로 예상된다. 하지만 구글과 토종 기업 역시 2021년 이후에는 경쟁이 마무리되고 절대 강자 한 곳이 시장을 지배할 가능성이 클 것으로 전망된다. 대부분의 인터넷 서비스는 승자가 시장 지배력을 70% 이상 장악하며 모든 것을 독식하는 것이 일반적이므로 AI 플랫폼도 마찬가지일 것이다.

확실한 우위 없는
예측불허의 한국은 3파전

국내 AI 플랫폼은 크게 3가지 분류로 나뉘어 경쟁하고 있다. 통신사인 SKT, KT와 인터넷 서비스사인 구글, 네이버, 카카오 그리고 제조사인 삼성전자다. 통신사는 IPTV와 초고속 인터넷망을 보급하면서 스마트 스피커의 판매를 함께 독려해서 가장 많이 보급했지만, 실제 인식률과 서비스 가능 콘텐츠 수가 인터넷 서비스사 대비 상대적으로 적은 편이다. 그 대신 SKT의 AI 어시스턴트는 스마트홈 플랫폼과의 연동 기능으로 국내의 가전기기를 연동해서 스마트홈으로 이용 가능한 센서들을 지원하고 있다. 콘센트에 꽂아 사용하는 플러그와 문 열림 감지 센서, 가스 감지 센서 등 다양한 스마트홈 기기를 제공한다.

네이버, 카카오와 같은 인터넷 서비스사는 기존의 웹과 앱 시장에서의 고객 접점과 방대한 콘텐츠를 기반으로 기존 서비스와의 연계를 통한 연속적인 경험을 제공하고 있다. 카카오는 카카오톡을 스마트 스피커와 연동해서 사용하거나 검색을 스마트 스피커로 연계해서 사용할 수 있도록 해준다. 네이버는 검색 기능을 강화하고 리모컨 기능이 내장되어 있어 TV나 에어컨 등 가전기기를 쉽게 조작할 수 있는 부가 기능을 제공하고 있다.

삼성전자는 자사의 스마트폰과 냉장고, 에어컨 등에 AI 어시스턴트를 탑재함으로써 스피커보다 이미 판매하고 있는 가전기기를 통해 AI 어시스턴트의 보급 확산에 주력하고 있다. 하지만 연동되는 서비스나 인식률 등이 아직 미흡해서 간단한 음성 조작 수준에 국한되어 사용된다.

이 전쟁의 승자는 하나다. 그 승자가 국내 AI 플랫폼을 완전히 지배하게 될 것이다. 현재까지의 경쟁 구도를 볼 때 SKT 누구(아리아), 카카오 미니(카카오아이) 그리고 구글홈(구글 어시스턴트)의 3파전이 예상된다. 더욱더 많은 기기를 연결하고 다양한 콘텐츠를 확보해서 기존의 웹과 앱에서 제공하지 못했던 새로운 경험을 제공하는 곳이 승자가 될 것이다. 얼마나 많은 제휴사와 협력사를 확보해 서비스를 개선하는지가 승패를 결정할 것이다.

(2020년 1월 기준)

	점유율 순위 추정 (2019년 누적 판매량 800만 대 기준)	종류	특징
SKT 누구	1위	디스플레이형 외 가장 많은 종류	스마트홈 기능 특화 티맵 탑재 IPTV 결합형
KT 기가지니	2위	하만카돈 제휴 IPTV형	–
구글 홈	3위 (상승 추세 중)	디스플레이 탑재형 3가지 버전의 스피커	글로벌 서드파티 연동 고도화된 AI 기능
카카오 미니	4위	스피커 보이스 리모트	카카오톡 연동 멜론 결합
네이버 프렌즈	4위	캐릭터형 스피커 미니 스피커	LG U+ 제휴

자료: 각 사 및 뉴스 기반으로 저자 재구성

승자를 가르는 경쟁우위

전쟁의 승자가 되기 위한 키key는 과연 무엇일까? 기존의 웹과
앱 서비스 플랫폼에서의 경쟁력보다 스마트홈 관련 시장에서
의 제휴력과 다양한 서드파티 서비스가 AI 플랫폼에서 쉽게 개

발될 수 있도록 오픈 API와 개발 툴 키트를 제공하는 것이다. 음성을 잘 인식하고, 음악과 날씨, 뉴스 등 기초적인 서비스를 편리하게 제공하는 것도 중요하지만 이는 당연히 갖춰야 할 기본적인 기능이지 경쟁우위라고 볼 수 없다. 이 조건에 가장 부합하는 행보를 보이는 국내 AI 어시스턴트는 무엇일까?

이 조건으로 본다면 구글홈이 서드파티 서비스들을 위한 개발 환경에서 가장 앞서 있다고 볼 수 있다. 한국에는 아마존의 알렉사처럼 개발 툴 키트와 함께 개방형 스토어가 제공되는 AI 플랫폼이 없다 보니 구글의 AI 플랫폼이 도드라져 보일 수밖에 없다. 다만 구글의 AI 플랫폼을 지원하는 스마트홈 기기들은 주로 미국이나 유럽 시장에서만 판매되고 있어 스마트홈 서비스를 이용할 수 있는 기기가 한국에는 많지 않다. 그렇다 보니 구글홈이 앞선 플랫폼 기술력과 제휴사를 가지고 있음에도 불구하고 한국에서는 영향력이 크다고 볼 수 없다. 실제로도 국내에 판매된 스마트 스피커는 SKT, 카카오, 네이버 제품이 더 많다. 더구나 한국 사용자들이 즐겨 사용하는 멜론, 카카오톡, 라디오, 팟캐스트 등이 국내 AI 플랫폼과 더 잘 연동되어 구글의 AI 플랫폼의 저변 확대에는 한계가 있다. 문제는 구글의 한계에도 불구하고 국내 AI 플랫폼이 아직 미흡하다는 것이다. 그렇다면 국내 AI 플랫폼이 저변 확대를 이루고 승자가 되기 위해 집중해야 할 것은 무엇일까?

첫째, API다. 국내 AI 플랫폼의 가장 큰 문제는 오픈 API의 제공이 활발하지 않은 데다 성능과 기능 면에서도 제약이 많다는 점이다. SKT의 누구가 가장 먼저 AI 플랫폼을 오픈해서 누구 디벨로퍼라는 이름으로 제공하고 있지만 제공하는 서비스들이 많지 않고 기술의 완성도가 아마존의 알렉사나 구글 어시스턴트와 비교하면 부족한 것이 사실이다. 네이버는 클로바 플랫폼, 카카오는 카카오아이 오픈빌더로 서드파티를 위한 AI 플랫폼의 오픈을 진행하고 있지만, 속도와 확장성 면에서 아쉬운 부분이 많다. 앞으로 이 기술의 완성도가 얼마나 높냐에 따라 국내 AI 플랫폼의 승자가 결정될 것이다.

둘째, 스마트홈 기기들과의 제휴도 AI 플랫폼의 저변 확대에 중요한 변수인 만큼 다양한 사물 인터넷 기기와 얼마나 많이 연동되느냐도 승자가 되는 중요 요소다. 그런 면에서는 SKT 스마트홈이 가장 앞서 있으며 카카오도 건설사, 자동차사를 포함해 전략적 제휴를 확대하고 있다.

마지막으로 국내 AI 플랫폼의 저변 확대에 중요한 것은 AI 어시스턴트의 보급이다. 그중에서도 쉽게 이용 가능한 스마트 스피커의 보급이 가장 중요하다. 스마트 스피커의 보급이 활성화되어야 AI 어시스턴트의 사용이 증가하고 그래야만 수집되는 데이터가 많아져 AI가 진화할 수 있다. 그러면 더 많은 서비스가 참여하고 AI와 연동되는 기기가 많아질 것이다. 하지만 수

백만 대의 스피커를 저렴한 가격에 지속해서 유통하기란 쉬운 일이 아니다. 카카오와 네이버는 스피커 보급에 있어 유사한 경험과 유통 판매처를 확보한 통신사나 제조사와 비교할 때 이 부분에서는 경쟁력이 부족하다. 반면, 통신사와 제조사는 인터넷 서비스 업체들만큼 소프트웨어 기술력과 개발 툴 키트, 플랫폼 등 운영 능력이 좋지 않다. 그렇다 보니 각 기업이 2019년에는 스마트 스피커 보급에 주력하다가 2020년부터는 AI 어시스턴트를 다른 채널을 통해 확대하는 방법으로 방향을 바꿨다. AI 어시스턴트를 만날 수 있는 채널이 많아지면 이를 사용하는 사람들이 많아져 초기 시장 선점을 장악할 수 있기 때문이다. 그래서 구글은 안드로이드가 탑재된 스마트폰, SKT는 티맵 앱을 통해 AI 어시스턴트의 저변을 빠르게 확대하고 있다. 카카오는 카카오톡과 멜론, 네이버는 검색 앱과 라인을 통해서 AI 어시스턴트의 채널을 확대할 수 있는 기회를 만들어갈 것이다.

결국, 최후의 승자는 지속해서 사용자들과 연결되어 데이터를 수집할 수 있는 기업이 될 것이다. 디바이스든, 소프트웨어든, 네트워크든 간에 고객 접점을 기반으로 데이터를 지속적으로 수집해야만 더 진화된 AI를 확보할 수 있기 때문이다.

한국 시장에서 최후의 승자는 누가 될 것인가

경쟁은 계속되고 있다. 단순하게 스마트 스피커를 많이 판매한 곳이 승자가 되는 것도 아니고, 연동되는 제휴 서비스가 많다고 해서 시장을 지배하는 것도 아니다. 모든 것이 조화를 이뤄야 한다. 구글은 가장 강력한 AI 성능과 확장성을 가지고 있고, 네이버와 카카오는 고객 접점을 보유해 서비스 경쟁력을 갖추고 있다. SKT는 스마트홈 플랫폼으로서의 제휴사와 운영 능력을 갖추고 있으며, 삼성전자는 사물 인터넷에 글로벌 경쟁력이 있다. 하지만 각 기업이 한국에서 독자적으로 성장해서 승자가 되기에는 부족한 부분이 명확하다. 이는 전략적 제휴와 동반성장을 통해서만 해결 가능하다.

향후 한국에서의 AI 플랫폼은 이들 기업 간 전략적 제휴를 통해서 합종연횡으로 헤쳐 모이며 승자 구도가 펼쳐질 것이다. 2019년 10월 SKT와 카카오는 이미 지분 교환을 통해서 사업적 시너지를 위한 제휴를 추진했고, 네이버는 일본의 라인과 소프트뱅크의 야후재팬이 합병하기로 하면서 이합집산을 하고 있다. 한국에서도 통신사와 인터넷 서비스 간 AI 플랫폼에서의 동맹, 제조사와 인터넷 서비스 간 연대 등을 통해서 2곳가량으로 압축되어 치열한 경쟁이 펼쳐질 것으로 전망된다.

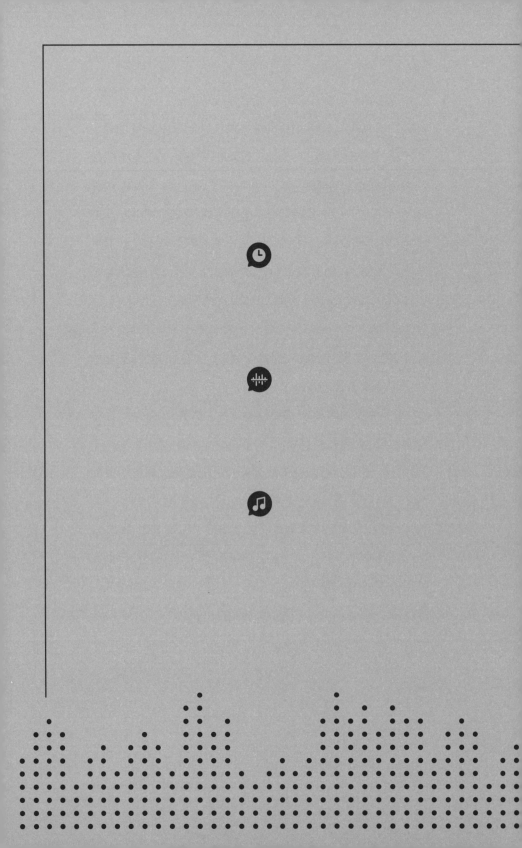

5장

AI 플랫폼이 가져올
비즈니스 혁신

지금까지 웹과 앱이 가져온 비즈니스 혁신은 인터넷 기업들만의 잔치에 그치지 않았다. 컴퓨터와 스마트폰을 만드는 제조사와 마이크로소프트, 구글, 네이버, 카카오 등이 혁신을 통해 신사업의 기회를 잡으면서 기존 전통 산업에 큰 변화를 가져왔다. 앞으로는 AI로 인해 더 큰 비즈니스의 기회와 산업 구조의 변화가 일어날 것이다. 결국, AI를 적극적으로 활용하는 기업은 기회를 가질 것이고, 그렇지 못한 기업은 도태될 것이다. AI를 적극 활용해 기회를 얻을 것인가, 아니면 어영부영하다가 놓칠 것인가?

관련 비즈니스의 성장 기회

우리가 위치한 공간에서 사용하는 다양한 서비스를 X축, 이러한 서비스를 사용할 때 필요한 하드웨어를 Y축, 그리고 Z축에 이들 기기를 조작하는 데 사용되는 키보드나 터치 등의 유저 인터페이스를 나열하면 '공간-기기-사용자 인터페이스' 그림과 같다. 여기서 3가지 축을 모두 연결하고 있는 것이 AI다. 이 AI를 더욱 똑똑하게 만드는 데이터는 수많은 센서를 통해 수집되고 5G 등의 네트워크를 통해서 클라우드에 쌓인다. 다양한 기기가 인터넷에 연결되고 많은 데이터가 수집되면 AI는 규모화될 것이다. 특히 음성 인터페이스는 편리함을 무기로 여러 기기에 쉽게 탑재되면서 AI 플랫폼을 더욱 강력하게 만들고 있

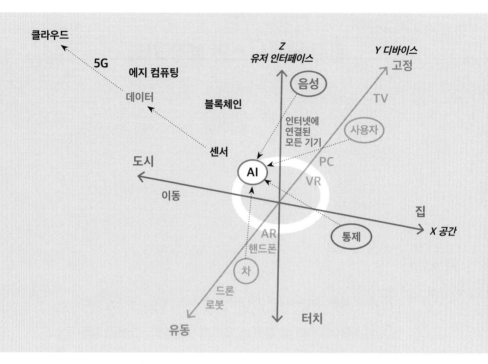

〈 공간-기기-사용자 인터페이스 〉

디지털 기술들을 공간과 기기, 사용자 인터페이스를 기준으로 펼쳐서 정리한 모습

다. AI 플랫폼의 성장은 여타 관련 비즈니스의 성장에도 영향을 미치며 더욱 주목받고 있다. 앞으로 기대해볼 만한 관련 산업은 무엇이 있을까?

가장 먼저, 센서 산업의 성장이 기대된다. 기기가 인터넷에 연결되어 데이터를 수집하기 위해서는 이를 측정할 수 있는 센서가 필요하다. 기존에 측정하지 못했던 것까지 측정할 수 있을 만큼 정밀한 센서가 부착되어야만 기기의 상태를 정교하게 확인할 수 있고 새로운 가치를 만들어낼 수 있다. 기존보다 크기는 작지만, 성능은 강력한 데이터 측정 센서의 필요성이 점점 커질 것이다.

센서는 물리적 특성을 관찰하고 측정해서 그 결과를 신호로 변환하는 장치로서 온도, 습도, 진동, 압력, 유량, 위치 그리고 가속도와 생체신호 등 다양한 정보를 대상으로 한다. 최근에는 인간의 오감처럼 주위 환경을 인지하고 파악해서 정보를 취득하는 등 인간의 감각기관을 넘어 인간보다 더 정교하게 측정함으로써 인간이 감지하기조차 어려운 정보들까지 인지해준다. 이는 센서 기술의 진화로 센서의 크기는 더욱 작아지고 기능은 복합센서 모듈로 발전해 통합된 센서로서 다양한 상황인지를 할 수 있도록 개선된 것이다. 즉, 손톱 크기만 한 센서 하나로 인간이 오감으로 느끼는 것들을 모두 정확하게 측정한다. 이와 관련된 기술은 미국, 독일, 일본이 앞서 있으며 한국은 이들 국가를 100으로 둘 때 60 정도의 수준이다.

AI 플랫폼 시대에 필요한 차세대 센서는 이처럼 인간의 오감을 흉내 낸 통합형 스마트 센서로 음향(마이크와 스피커)과 카메라(이미지 인식, 근접, 조도, 동작인식) 그리고 위치와 온도, 습도 등을 인식할 수 있어야 한다. 물론 이 모든 센서를 탑재할 경우 비용 문제가 발생하므로 기기의 특성에 맞춰 필요한 센서만 탑재되기도 할 것이다. 하지만 기본적으로 마이크와 스피커를 초소형 모듈로 탑재한 마이크로폰 센서는 AI 어시스턴트가 탑재될 모든 사물 인터넷 기기에 필수적인 센서가 될 것이다.

두 번째는 센서에서 수집된 데이터들을 축적하고 분석하는 산업이다. 데이터는 클라우드에 축적되어 분석되는데 클라우드에 수집되는 사용자의 데이터가 많으면 많을수록 클라우드의 AI가 빠르게 진화한다. 이 과정에서 통신 네트워크의 진화와 함께 클라우드가 성장할 것이다. 이는 데이터를 분석하는 알고리즘과 분석을 통해 분야별로 특화된 AI의 고도화를 이뤄 낸다. 사람의 얼굴을 판별하는 AI, 온도 변화 예측에 최적화된 AI, 사물의 이동 경로를 분석하는 AI처럼 특정 솔루션에 집중된 AI가 탄생할 것으로 예상된다. 이때 수집된 데이터를 분석해서 나온 자료는 디지털 마케팅이나 상품기획, 제품개발, 각종 사업 운영 관리에 다양한 목적으로 사용할 수 있어 비즈니스 모델 혁신의 기회를 만들어낼 것이다.

세 번째는 플랫폼이다. 수집된 데이터가 다양한 서비스와 사업에 활용되기 위해서 데이터를 중계하는 플랫폼이 필요하다. 이 과정에서 데이터를 주고받는 API의 규격화와 데이터를 사고파는 마켓플레이스의 시장성도 커질 것이다. 여기서는 AI 플랫폼에 등록된 사용자 계정과 이 계정에 기록되는 각종 데이

〈 빅데이터 이용 과정 〉

수집	분석	활용
센서	테크 이노베이션	오픈 API
양적, 질적 다양한 데이터 확보	반복적이고 꾸준한 분석을 통한 엔진 고도화	서드파티와의 연계를 통한 플랫폼 구축

AI 플랫폼의 고도화와 함께 성장하게 될 센서 산업과 데이터 분석, 그리고 서드파티 연계를 위한 API의 중요성이 커질 것이다.

터의 역할이 중요하다.

마지막으로 가장 큰 성장이 기대되는 분야는 클라우드에 등록된 사용자 계정과 인증 시스템이다. 어떤 하드웨어, 소프트웨어, 서비스에서든 클라우드의 AI와 연결하려면 로그인 절차가 필요하다. 즉, 클라우드의 AI가 사람을 인증할 수 있어야 한다. 기존의 인터넷 환경에서는 아이디와 암호를 타이핑해서 로그인했다. 스마트 스피커도 AI 플랫폼에서 처음 로그인할 때는 스마트폰에 AI 어시스턴트 앱을 설치해서 아이디와 암호로 로그인한 뒤 기기를 등록해야만 한다. 물론 등록 후에는 이런 번거로움을 거치지 않아도 된다. 앞으로는 기등록된 지문, 얼굴, 목소리나 다양한 생체 인증 기술을 활용해서 등록을 위한 별도의 앱을 설치하지 않고도 즉시 로그인하는 인증 시스템이 개발될 것이다. 인증이나 보안 기술은 클라우드뿐만 아니라 모든 산업에서 중요하게 여기는 기술로 그 중요성은 계속해서 커질 것으로 보인다.

검색의 대체, 커뮤니티의 진화

20년간 국내 인터넷 서비스의 왕좌 자리를 차지하고 있는 네이버의 검색 서비스가 동영상 서비스인 구글의 유튜브에 밀리고 있다. 한때 커뮤니티 서비스를 장악했던 싸이월드가 페이스북의 등장으로 사라졌던 것과 비슷한 상황이다. 사람들의 마음이 변해서일까? 그 이유는 이보다 훨씬 단순하다. 새로운 플랫폼, 즉 스마트폰이 등장했기 때문이다. 궁금한 정보를 찾고(검색), 같은 관심사를 가진 사람들끼리 소통하는 공유의 장(커뮤니티)에 대한 사람들의 니즈는 변함없다. 다만 새롭게 등장한 스마트폰에 맞게 서비스 변화를 꾀하지 못한 탓이다. 새로운 변화는 어떻게 대응하느냐에 따라 누군가에게는 기회가 되지만 누군가에게는 위기가 된다. AI 플랫폼에서의 새로운 비즈니스의 기회도 그렇게 찾아올 것이다.

대화형 인터페이스와 혼합된 사용자 경험

지금까지 스마트 스피커를 '음성인식을 기반으로 하는 AI 플랫폼'이라고 설명했지만, AI 플랫폼을 사용하는 것이 음성을 이용한 입출력만 가능하다는 것을 의미하는 것은 아니다. 이미 스마트폰과 스피커를 연동해서 터치와 음성이 결합된 조작 방식을 선보인 것처럼 새로운 사용자 인터페이스에 대한 다양성이 요구될 것이다.

앞으로는 대부분의 기기가 음성을 이용해 대화하면서 키보드를 타이핑하고 손가락으로 화면을 터치하는 등 여러 인터페이스가 혼합된 형태로 운영될 것이다. 어떤 기기든 간에 기기 고유의 특징에 맞는 인터페이스 외에 음성으로 조작하는 대화형 인터페이스가 함께 어우러져 구현되는 것이다. 컴퓨터를 조작할 때 키보드와 마우스가 쌍으로 조화를 이루는 것처럼 음성도 컴퓨터나 인터넷을 사용할 때 기존 입력장치와 함께 사용된다. 즉, 타이핑이나 터치를 음성과 동시에 이용하는 혼합된 사용자 경험mixed UX이 보편화되는 것이다. 더 나아가 다양한 센서 정보를 기반으로 여러 입력 정보가 상호 혼합되어 보다 나은 인간 중심형 인터페이스 기술인 멀티 모달multi modal로 기술의 진화가 이뤄질 것으로 예상된다.

예를 들면, 스마트 스피커에 장착된 디스플레이를 터치하거나 냉장고의 디스플레이에 음성으로 명령한다. 스마트폰에서 앱을 실행해서 원하는 정보를 찾는 건 음성으로 하고 검색 결과는 터치를 이용해서 살펴본다. 마우스와 키보드로만 조작했던 컴퓨터에 AI 어시스턴트를 탑재해서 웹 페이지를 즐겨찾기에 등록할 때 "지금 보는 페이지 즐겨찾기에 저장해줘"라고 말하고, WiFi를 이용하다가 인터넷 신호가 약해지면 "WiFi 연결 해제해줘"라고 음성으로 명령을 내린다. 컴퓨터로 보고서를 만들면서 필요한 부분이 있으면 "구글에서 작년도 삼성전자의

한컴오피스 2020은 시간과 장소, 플랫폼의 한계를 벗어나 빠르고 스마트한 문서 작업 환경을 지원하고, 챗봇 서비스인 오피스 톡에서 필요한 기능을 음성으로 질문하고 한 번의 클릭으로 작업을 즉시 실행할 수 있다.

매출과 영업이익 그리고 현재 시가총액이 얼마인지 확인해줘"라고 음성으로 묻고 결과는 화면으로 보면서 바로 문서에 반영하면 된다. 태블릿에서 인스타그램에 올릴 동영상을 편집할 때도 "1개월 동안 등록한 인스타그램 콘텐츠 중에서 조회 수가 가장 많았던 것의 제목을 알려주고 화면에 해당 사진을 띄워줘"라고 말하면 된다. 이런 혼합형 인터페이스의 최대 강점은 기존보다 속도가 빠르고 복잡한 명령을 내릴 수 있다는 점이다. 여러 번의 키보드, 마우스, 터치 조작이 필요 없고 실행이 어렵거나 불가능했던 부분까지 가능하게 만들어준다.

이러한 새로운 사용자 경험은 새로운 솔루션과 상품의 수요를 자극한다. 그러므로 대화형 인터페이스가 기존의 컴퓨터, 노트북, 태블릿, 스마트폰 그리고 화면을 탑재한 전자기기 등에서 통합 운영될 수 있는 서비스 기획과 디자인 및 개발에 대한 중요성이 커질 것이다. 새로운 상품으로는 스피커와 마이크 외에 무선 이어셋의 수요가 증가할 것으로 예상된다. 사람들이 많이 모인 공간에서 컴퓨터와 이야기하며 인터넷 서비스를 사용하는 것은 프라이버시 문제도 있고 깨끗한 음질로 대화하기 어려울 수 있기 때문에 관련 산업의 기술 진화도 함께 요구될 것이다.

보는 콘텐츠에서 듣는 콘텐츠의 시대로

다음 중 우리가 하루에 가장 많이 이용하는 콘텐츠 서비스는 무엇일까?

a. 보는 것   b. 듣는 것   c. 보면서 듣는 것

일상을 생각해보자. 대부분의 사람은 아침에 일어나서 잠자리에 들 때까지 수많은 콘텐츠 서비스를 이용한다. 출근길만 봐도 인터넷 기사나 웹툰을 보고 이어폰으로 음악을 듣는다. 어떤 사람은 지난밤에 못 본 예능 프로그램이나 드라마를 보고 듣기도 한다. 이동 중에도 서비스를 쉽게 이용할 수 있게 되면서 특정 콘텐츠를 더 많이 이용하기보다는 3가지 콘텐츠를 모두 이용하는 경우가 보편화되었다. 하지만 스마트폰이나 태블릿이 지금처럼 대중화되지 않았던 10년 전에는 어땠을까?

10년 전만 해도 보고 듣는 것은 TV, 보는 것은 컴퓨터, 듣는 것은 라디오(특히 자동차에서)나 MP3P 정도로 콘텐츠를 이용하려면 그 콘텐츠를 이용할 수 있는 기기가 놓인 특정 공간 안에서만 가능했다. 그런데 스마트폰의 등장은 우리의 경험을 완전히 바꿔놓았다. 어떤 상황에 어떤 기기로 무엇을 하느냐 뿐만 아니라 어떤 채널을 통해 서비스를 이용하는지까지 변화시킨 것이다. 이는 사용자의 선택 폭을 넓혀줬고 산업 전반에 비즈니

〈 콘텐츠 서비스 채널의 과거와 현재 〉

	과거(10년 전)	현재
보는 것	네이버	카카오톡, 인스타그램
듣는 것	멜론	유튜브 뮤직, 애플 뮤직
보고 듣는 것	TV	유튜브, 넷플릭스

스의 기회를 가져다주었다.

그렇다면 스마트 스피커가 등장한 지금, 다음 10년에는 어떤 변화가 있을까? 스마트폰처럼 스마트 스피커가 또 다른 새로운 변화를 이끌 수 있을까? 사실 스마트 스피커는 컴퓨터와 스마트폰, 태블릿과 비교했을 때 성능과 기능 면에서는 그 대척점에 서기 어렵다. 때문에 기존 서비스의 몰락을 가져온다고 이야기할 수는 없을 것이다. 다만 기존 기기에 스피커를 장착하거나 스피커에 다른 기기를 탑재하는 게 용이하므로 우리가 일상에서 이미 사용하고 있는 기기들과의 결합을 통해 사용자들의 시간을 장악할 것이다. 거실이나 주방, 안방과 아이들 방 어디에서든 이용할 수 있는 스마트 스피커로 인해 사용자의 보고 듣는 습관이 바뀔 것이고 이용하는 채널 또한 바뀔 것이다. 지금까지의 흐름으로는 다음과 같은 변화가 예상된다.

- 보는 것

  추억의 사진, 명화 그리고 특정 장소와 사람을 늘 실시간으로 볼 수 있는 카메라 디스플레이
- 듣는 것

  다양한 주제의 정보와 지식을 즐겁게 전달하는 팟캐스트와 특정 대상과 상황에 맞춰 최적의 음악을 선곡해서 들려주는 큐레이션 음악 서비스
- 보고 듣는 것

  실시간 라이브 개인방송처럼 시청자와 더욱 인터랙티브한 관계를 맺으며 브로드캐스팅하는 영상과 짧은 동영상 클립

커뮤니티의 3번째 진화

한국에서의 커뮤니티 서비스는 스마트폰의 등장으로 인해 카페와 싸이월드에서 페이스북과 인스타그램으로 성장해왔다. 커뮤니티의 본질은 특정한 주제에 관심을 가진 사람들이 정보를 나누고 소통하는 것이지만 카페 → 싸이월드 → 페이스북 → 인스타그램으로 진화하면서 정보의 주제 외에 그 정보를 제공하는 사람이 더 주목되었다. '무엇'을 보다 '누구'에 집중한 것이다. 그렇다면 AI 플랫폼에서 구현되는 커뮤니티는 어떤 모습일까?

통화라고 하면 모름지기 1:1로 대화나 상담을 하는 특정인과 특정 서비스를 목적으로 한다. 하지만 AI 플랫폼에서는 이런 통화의 개념이 바뀔 것이다. 1:1이 아닌 여러 명이 집단으로 특정 주제나 관심사에 대해 자유롭게 이야기를 나누는 방식으로 통화가 구현될 것이다. 다시 말해, 특정 주제를 중심으로 인스턴트하게 집단으로 모여 실시간으로 소통하는 커뮤니티 서비스다. 한 명의 장이 주도적으로 브로드캐스팅하면서 한마디씩 의견을 나누는 방식이 될 수도 있고 이끄는 사람 없이 각자가 떠들면서 의견을 나누는 형태가 될 수도 있다. 음성의 특성상 동시에 떠들면 소통이 안 될 수 있기 때문에 특정인이 말을 시작하면 다른 사람들의 목소리는 묵음 처리되거나 화면 조작이 가능한 경우 대화에 참여한 사람 중에 특정인의 목소리만 선별해서 들을 수도 있을 것이다. 음성 토론 내용이 텍스트로 자동 변환되면 기록을 남길 수 있고 나눴던 대화에서 찾고자 하는 내용이나 이 대화에 참여하진 않았지만 비슷한 관심사를 가진 사람들도 기록된 텍스트를 통해 쉽게 탐색할 수 있게 된다. 컴퓨터나 TV로 서비스를 이용하는 사용자들은 변환된 텍스트를 화면을 통해 바로 보면서 대화에 참여할 수도 있다. 스카이프나 줌Zoom 등이 이와 유사한 개념의 서비스를 이미 제공하고 있지만, 이는 특정인들을 지정해서 정해진 시간에 모여 대화하는 회의의 형태인 반면 스마트 스피커에서의 브로드캐스팅은

사람이 아닌 주제 중심으로 떠드는 형태의 새로운 서비스 개념
이다.

그렇다고 해서 1:1 대화가 없어지는 것은 아니다. 여럿이
소통하다가 그들 중에 좀 더 대화하고 싶은 사람이 있다면 1:1
대화를 나누면 된다. AI 플랫폼은 자동 통역 서비스를 제공하고
있기 때문에 언어가 달라도 불편 없이 다른 나라 사람들과도
쉽게 소통할 수 있다. 10년 전에 인스타그램이나 스냅챗 등을
상상하기 어려웠던 것처럼 앞으로 10년 후의 서비스들도 우리
가 상상하지 못한 형태로 진화되어 우리에게 새로운 경험을 제
시할 것이다. 그러므로 기업들은 제약을 개선하면서 음성이 갖
는 특성을 살리는 최적화된 커뮤니티를 어떻게 만들지를 생각
해야 한다. 그 생각 속에서 새로운 서비스의 기회가 만들어질
것이다.

커머스의 변화와 기회

불과 20년 전만 해도 비싼 가전기기나 입어봐야 알 수 있는 옷, 눈으로 확인해야 하는 식자재 등을 인터넷으로 사는 건 있을 수 없는 일이라 생각했다. 2020년인 지금 우리가 인터넷으로 구매하지 않는 제품이 과연 있을까? 생필품부터 먹거리, 의류, 가전기기, 가구에 이르기까지 거의 모든 것을 인터넷으로 구매한다. 이미 인터넷 상거래는 전체 거래 시장의 30%를 훌쩍 넘어 오프라인 상권을 위협할 정도다. 위기를 맞은 오프라인 상권은 새로운 변화의 목전에 와 있다. 이런 상황에서 AI 플랫폼은 커머스에 어떤 영향을 미칠까?

자동 정기 배송과 구독 경제

한국의 온라인 쇼핑 시장은 다른 나라와 달리 절대 강자가 없다. 중국은 알리바바, 미국은 아마존, 일본은 라쿠텐이 독식하고 있지만, 한국은 20년째 G마켓과 옥션이 선두자리를 유지하고 있고 뒤이어 11번가, 그리고 기타 중소 쇼핑몰들이 이를 따라가는 추세다. 더구나 요즘은 다양한 온라인 마켓 플랫폼으로 인해 오히려 점점 더 세분화되어 가고 있다. 하나의 절대 강자가 시장을 장악하지 못한 채 어떤 곳도 소비자들에게 특화된 쇼핑 경험을 주지 못하고 있다. 때문에 소비자들은 여러 쇼핑몰을 전전하며 소비한다.

그런데 최근 이 시장이 변화하고 있다. 마켓컬리가 새벽 배송을 내세우며 '주문한 다음 날 아침' 현관문 앞에서 제품을 받아볼 수 있는 시스템을 구축했고 쿠팡은 친절하고 빠른 로켓 배송으로 소비자에게 새로운 쇼핑 경험을 제시했다. 같은 제품이어도 판매자나 택배업체에 따라 다른 경험을 제공하는 기존 업체들과 달리 약속된 시간에 정확하고 신속하게 배달되는 서비스는 소비자들에게 새로운 경험과 신뢰를 주었다. 이는 온라인 쇼핑몰인 G마켓과 옥션, 11번가뿐만 아니라 유통업인 이마트와 홈플러스에까지 영향을 미쳤다. 실제 쿠팡과 마켓컬리의 시장점유율은 매년 빠른 속도로 성장하고 있고 2019년 기준 쿠팡은 단일 쇼핑몰 중에서 국내 거래액 1위를 달성했다.

이는 웹에서 가격 비교를 하며 쇼핑하던 소비자들이 스마트폰으로 옮겨오면서 더욱 성장하게 되었다. 가격 비교 서비스는 여러 온라인 쇼핑몰을 한 화면에서 놓고 한꺼번에 가격을 확인할 수 있다는 점이 장점이지만, 스마트폰에서는 적합하지 않은 서비스다. 스마트폰은 웹과 달리 온라인 쇼핑몰마다 제공하는 앱을 설치해서 서비스를 이용하다 보니 하나의 앱 화면에 집중할 수밖에 없다. 그렇기 때문에 새로운 경험을 제공한 특정 쇼핑몰을 주로 이용하게 되는 양상을 보이게 된 것이다.

그렇다면 AI 플랫폼을 이용한 쇼핑은 소비자에게 어떤 경험을 제시할 수 있을까? 첫째, 쉽고 편리한 소통이다. 최근 코로나-19로 촉발된 비대면 소비 확산으로 라이브 커머스가 새롭게 등장했다. 라이브 커머스는 판매자가 직접 고객과 소통하

2020년 5월 6일 티몬은 판매자 전용 개인방송 스트리밍 앱 '티몬 셀렉트'를 론칭한다고 밝혔다. 소규모 개인 판매자라도 누구든 티몬 셀렉트 앱만 설치하면 실시간으로 제품을 판매하고 고객과 소통하는 것이 가능하다.

며 제품을 판매하는 개인 방송 형태로 고가의 장비 없이 앱만 설치하면 이용 가능하다. 기존 인터넷 쇼핑몰보다 판매자와 고객의 소통이 훨씬 쉽고 빠르게 이뤄지고 오프라인 상점들도 이용할 수 있어 이를 선호하는 판매자와 고객이 많아지고 있다. 스마트 스피커는 이런 서비스를 이용하는 데 최적화되어 있다. AI 플랫폼은 음성 인터페이스를 기반으로 하므로 스마트 스피커를 이용해서 실시간 대화와 상담을 개인화된 형태로 제공하기에 적합하다. 일방적이었던 기존 인터넷 조작 방식과 달리 대화로 소통할 수 있어 상호작용이라는 새로운 경험을 제공한다. 특히 기존의 웹이나 앱에서 검색으로 해결하기에는 한계가 있는 제품을 구매할 때 도움을 줄 것이다. 선택할 것이 많은 복잡한 여행상품, 고가의 제품 구매 시 필요한 조언, 원하는 특정 상품은 없지만 원하는 용도에 맞는 제품 추천 등 상담이나 안내가 필요한 상품의 경우 그 역할이 더 크게 작용한다.

두 번째는 자동화 주문이다. AI 플랫폼에 연결된 공기청정기, 청소기, 진동 칫솔, 자동차 등의 소모품 교체 시기를 자동으로 인식해서 알아서 제품을 주문해주는 것이다. 주기적으로 구매하는 생필품도 매번 직접 주문하지 않아도 자동으로 주문이 가능해질 것이다. 이 과정에서 잘못된 주문의 오류나 실수를 방지할 수 있게 사용자 확인 과정을 거치거나 주문 취소나 반품까지 자동으로 해주는 더 나은 경험이 요구될 것이다.

세 번째는 서브스크립션 커머스subscription commerce, 즉 구독쇼 핑이다. 구독경제는 현재 AI 플랫폼 커머스에 가장 어울리는 쇼 핑 방식으로 주목받고 있다. 예를 들어 정해진 요금을 내면 기 간별로 소모품이나 생필품을 AI 플랫폼이 알아서 최적의 상품 을 골라 적재 적시에 배송해주는 서비스 등이 있다. 코로나-19 이후 재택경제 비즈니스가 확장되면서 그에 속하는 구독경제 도 AI와 결합해서 비즈니스 모델 혁신의 기회로 자리매김해갈 것이다.

새로운 플랫폼에 맞게 새로운 쇼핑 경험을 제시하는 것 은 너무나 당연한 일이다. 하지만 누구나 알고 있었지만 아무 나 하기 어려웠던 배송 부분에서의 혁신적인 시도처럼 새로운 경험을 제시하는 일은 어려운 도전이다. 이 도전을 성공적으로 만들어간다면 AI 플랫폼에서 새로운 비즈니스의 기회를 확보 할 수 있을 것이다.

화자 인식과 기기 간 결제

웹이나 앱에서 제공하는 서비스를 이용하려면 로그온log-on이 필요하다. AI 플랫폼에서도 사용자에 최적화된 맞춤 서비스가 지능적으로 제공되기 위해서는 사용자 인증이 중요하다. 컴퓨 터는 아이디와 암호를 타이핑해서 로그인하고, 스마트폰은 (아이디와 암호를 이용하기도 하지만) 지문과 얼굴을 인식해서 인증한다. 스마트 스피커는 여기서 한 단계 더 나아가 성문 인식, 즉 사람의 목소리를 통해 화자가 누구인지를 인식한다. 별도의 과정을 거치거나 기기와 가까이 있을 필요 없이 그냥 말하면 된다.

아마존의 알렉사와 구글 어시스턴트는 사람의 목소리마다 고유의 억양, 발음, 사용하는 단어의 패턴 등을 분석해서 성문 인식한다. 음성을 파형 분석으로 수치화해서 더욱 정확하게 화자를 구분하는 것이다. 기술이 더 발전되면 음성만으로도 사용자의 감정 기복이나 음주 여부, 성별과 나이, 출생지 등의 정보까지 파악할 수 있게 된다.

성문 인식 기술은 1937년 프란시스 매그히가 처음 연구하기 시작했고, 이후 미국 벨 연구소로 이어져 1977년 미국 반도체 회사인 텍사스 인스트루먼츠에서 기기가 스스로 화자를 인식하는 기술을 개발했다. 물론 이 당시에는 기술적인 한계로 인해 정확도가 높지 않았다. 최근에는 AI의 딥러닝 기술이 적용되고 수집되는 음성 데이터의 양이 많아지면서 정확도는 점점 더 높아지고 있다. 기기가 사람을 인식하는 방식은 음성을 넘어 서명, 걸음걸이, 타이핑을 칠 때의 리듬과 신체 움직임 등 다양한 바이오 인식 기술로 진화 중이다.

앞으로 AI 플랫폼을 활용한 개인화된 맞춤 서비스가 활성화되면 인식 방식은 더욱 진화할 것이다. 내가 집에 가까워지면 주차장에 불이 켜지고 거실의 전등과 에어컨이 켜지지만, 아이들이 집에 가까이 오면 현관문과 거실의 불이 켜지고 아이들 방의 공기청정기가 가동되는 스마트홈 서비스처럼 사람이 가까이 오는 것을 인식할 뿐만 아니라 그 사람이 누구인지를 구별할 것이다. 지금도 스마트폰의 위치 정보를 활용해서 누가 집에 가까이 왔는지 알 수 있지만, 이 서비스는 스마트폰을 잃어버렸거나 집에 두고 나왔다면 이용할 수 없다.

차량 서비스도 자동차에 탑승한 운전자가 일일이 차에 등록된 운전자 프로필을 선택하지 않아도 운전자를 자동으로 인식하는 새로운 인식 솔루션이 나올 것이다. 자동차 문을 여는 순간 이미 운전자가 누구인지를 인식해서 해당 운전자가 평소 설정한 좌석과 사이드미러 위치가 자동으로 세팅되고 즐겨 찾던 목적지와 선호하는 음악 등이 연결되는 것이다. 자동차가 운전자를 인식하는 방법은 스마트폰의 지문 인식이나 얼굴 인식처럼 차량 손잡이나 운전대 등의 지문 인식 기능 혹은 차량에 탑재된 카메라를 통한 얼굴 인식 기능이 이용될 것이다. 혹은 별도의 인식 센서 없이 휴대 중인 스마트폰이나 스마트워치 등을 이용해서 기기에 연결된 계정으로 인증이 이뤄질 수도 있다. 이렇게 로그인하는 방법과 대상이 다양해지면 클라우드의 AI에 연결해서 체험할 수 있는 입체적인 서비스들이 더 많이

출처 BC카드

2016년 BC카드는 세계 최초로 보이스 인증 결제 기술을 개발했다. 본인의 음성으로 "내 목소리로 결제"라고 등록해서 사용하면 된다.

만들어진다.

　인식 방식의 진화는 결제 서비스와 연결된다. 스마트폰 사용으로 새로운 인증 방식이 나오면서 등장한 지문이나 얼굴 인식 간편결제처럼 AI 플랫폼에서도 새로운 결제 서비스에 대한 필요성이 커질 것이다. AI 플랫폼은 스마트워치를 이용한 결제, 자동차 결제, 냉장고 결제 등 기기별로 결제의 주체가 될 대상을 인지해서 결제하는 새로운 경험을 제공할 것이다. 이미 하이패스는 차량 고유 인식기를 통해 차가 톨게이트를 지나기만 하면 결제가 바로 되고 스타벅스의 마이 디티 패스My DT Pass는 드라이브스루 이용 시 카드나 스마트폰을 이용하지 않아도 스타벅스 계정에 등록된 사용자의 차량 번호를 기반으로 결제가

Introducing **My Drive Thru Pass**
My DT Pass의 **편리한 결제 서비스를** 만나보세요!

스타벅스 마이 디티 패스는 드라이브스루 이용 시 카드나 스마트폰을 이용하지 않아도 스타벅스 계정에 등록된 사용자의 차량 번호를 기반으로 결제가 가능하다.

가능하다. 스타벅스 앱에 차량 번호를 등록하면 스타벅스 선불 결제 포인트를 이용해서 자동으로 결제가 된다. 향후 주유소에서도 이러한 방법으로 차량 결제가 이루어지게 될 것이다. 요즘에는 냉장고에서 부족한 식자재를 확인한 후 냉장고에서 바로 구매와 결제까지 가능한 쇼핑 기술도 나왔다. 더 이상 스마트폰의 간편결제가 새롭지 않을 정도다.

AI 플랫폼에서 제공하는 서비스들은 인식이나 결제 서비스처럼 계속해서 사용자에게 좀 더 빠르고 간편하며 효율적인 방법을 제공하기 위해 끊임없이 고민하고 진화할 것이다. 그리고 그런 고민이 결국 새로운 비즈니스의 기회를 확보하는 시작점이 될 것이다. 단, 새로운 인증 기술은 또 다른 정보 보안의 취약과 해킹 이슈가 발생하므로 이에 상응하는 보안 기술의 진화도 함께 요구된다.

광고 시장의 지각변동

인터넷 비즈니스에서 광고는 빠질 수 없는 핵심 수익 모델이다. 2019년을 기준으로 페이스북 매출의 90%가 광고에서 나왔으며, 구글의 광고 수익도 전체 매출의 70% 이상이다. AI 플랫폼에서도 사용자의 시간을 점유하는 AI 어시스턴트와 킬러앱들이 만들어지면 광고가 중요한 수익 모델이 될 것이다.

기존 온라인 광고와의 시너지

광고는 100만 번 노출될 때 클릭률이 1%면 1만 번의 관심을 받은 것이고, 10만 번만 노출되어도 클릭률이 20%라면 2만 번의 관심을 얻은 것이다. 즉, 광고의 노출 빈도보다 사용자가 좋아할 만한 광고를 보여주는 것이 더 효과적이란 의미다. 이런 측면에서 본다면 AI 플랫폼은 맞춤형 광고에 최적화되어 있다. 기본적으로 사용자를 인터넷에 연결해주는 과정에서부터 사용자 정보가 축적되고 사용자가 AI 플랫폼을 사용하면 할수록 정보가 더 많이 축적되기 때문에 이렇게 수집된 정보를 기반으로 맞춤형 광고를 제공하기 용이하다.

AI 플랫폼을 통해 수집된 데이터는 주로 운영 주체 내에서 사용자들에게 광고하기 위해 활용되지만, 외부 서비스에서 광고할 때도 활용된다. 네이버, 카카오, 페이스북의 경우 자사의 서비스 페이지에 광고를 넣는 반면 구글은 구글 애드센스라는 비즈니스를 통해 다른 서비스에 광고를 게재할 수 있도록 솔루션을 제공한다. 그리고 광고주들에게 받은 수익을 광고를 게재한 매체와 나눈다. AI 플랫폼은 사용자를 통해 수집한 데이터를 기반으로 운영하기 때문에 이를 활용하면 광고 효과를 더 극대화할 수 있어 광고 솔루션을 제공하는 방식으로도 활용 가능하다.

구글은 AI 플랫폼인 구글 어시스턴트와 구글홈에서 구동되는 주요 킬러앱들을 통해 사용자 정보를 수집한다. 이전에는 한국에 사는 김지현이 서울에서 어떤 키워드를 주로 검색하고 유튜브에서 어떤 주제의 콘텐츠를 보며 음악은 어떤 장르를 좋아하는지를 알 수 있었지만, 구글 AI 플랫폼을 이용하면 김지현이 집에서 어떤 회사의 냉장고와 에어컨을 사용하는지, 언제쯤 귀가해서 전등을 켜고, 잠은 언제 자는지 등 단순 정보와 관심사를 넘어 사용자의 생활패턴까지 알 수 있다. 기존에는 온라인을 이용하는 행태를 기반으로만 정보를 수집 및 분석했다면 이제는 오프라인, 그중에서도 가정 내에서의 사용 행태를 분석해서 더욱 확장된 광고를 할 수 있게 된 것이다. 영역도 커지고 방법도 다양해진 AI 플랫폼에 맞춰 광고 시장이 더욱 정교한 맞춤형 광고로 진화하고 있다.

새로운 광고 비즈니스의 기회

지금까지 '보는' 광고 시장은 크게 혁신하며 다변화하고 진화되었지만 '듣는' 광고 시장은 라디오의 침체로 인해 이렇다 할 변화가 없었다. 팟캐스트가 크게 성장했지만, 아직 광고 부문에서는 성과를 보여주지 못하고 있다. 하지만 최근 스마트 스피커의 대중화로 인해 오디오 광고 시장에서도 혁신과 진화의 기회가 엿보인다. 온라인 광고가 배너, 검색, 메시지 알람 등으로 다양하게 진화한 것처럼 오디오 시장에서의 광고도 다양한 모델이 나올 것으로 예상된다.

AI 플랫폼에서의 광고는 라디오를 듣던 중간중간에 불특정 다수를 대상으로 광고를 했던 기존 방식을 넘어 사용자별로 수집된 정보를 분석해서 맞춤형 광고를 선보이게 될 것이다. 서비스 이용 중에 쌓인 데이터를 분석해서 서비스를 직접적으로 이용하지 않는 유휴시간(스마트 스피커는 대부분 온종일 켜져 있어서 유휴시간이 존재한다)에 적절한 알람 메시지와 함께 광고하거나 스마트 스피커로 통화하는 도중에 미세먼지 수치를 물어보면 스마트폰이나 스마트 스피커 화면에 미세먼지 수치를 표시하면서 미세먼지와 관련된 마스크 광고를 할 수 있다. 스마트 스피커에 자주 요청한 내용이나 명령을 토대로 사용자의 관심사를 분석해서 이메일이나 웹 브라우저에 관련된 광고를 게재하면 된다.

스마트홈의 경우 평소에 집 안에 있는 가전기기들이 작동할 때 나는 소리를 모니터링해 기기가 어떤 상태인지 확인할 수 있다. 그러면 냉장고를 수리해야 하거나 세탁기 청소가 필요할 때, 또는 에어컨 필터 교체 시기 등을 굳이 확인하지 않아도 스마트 스피커가 미리 안내해줄 것이다. 이때 적절한 제품을 선별해서 안내 메시지와 함께 관련 광고를 하면 된다.

그런데 스마트 스피커는 '듣는' 광고로만 국한되지 않을 것이다. AI 플랫폼에는 여러 기기가 연결되어 있어 스마트 스피커에서 수집한 데이터를 활용해 연결된 다른 기기에서도 적절한 시점과 상황에 광고를 할 수 있다. 광고매체가 굳이 스마트 스피커일 필요가 없다는 것이다. 예를 들어 AI 플랫폼에서 커머스 서비스를 이용할 때 수집된 사용자 정보를 가지고 냉장고 화면이나 스마트 스피커 디스플레이에 찾고자 하는 최적의 상품을 추천하는데 이용될 수 있다. 인터넷이 연결된 삼성전자 냉장고의 경우 여러 앱이 설치되어 있는데, 그중 레시피 앱은 즐겨 먹는 음식의 조리 과정을

삼성전자 셰프컬렉션 냉장고는 냉장고 도어 디스플레이에 레시피를 띄워 요리 과정을 설명해준다. 이때 화면에 뜨는 배너에 레시피와 관련된 광고를 할 수 있다.

냉장고 디스플레이에 띄워 레시피를 보면서 요리할 수 있도록 해준다. 이때 화면에 뜨는 배너에 이와 관련된 제품 등을 광고하면 된다. 이렇게 AI 플랫폼에서의 광고는 매체도 다양하고 수집된 사용자의 데이터에 기반한 맞춤형 광고로 광고 효과도 클 것이다.

더 나아가 기존 광고 비즈니스 형태가 아니라 스마트 스피커를 통해 음악, 배경음 등 콘텐츠를 구독하거나 말벗 서비스, 전문적인 상담을 해주는 커뮤니케이션 유료 서비스도 주목받을 것이다. 내가 좋아하는 아이돌의 음성으로 뉴스를 들려주

거나 잠자기 전 자장가를 불러주는 서비스가 AI를 통해서 구현
될 수 있다. 운세나 사주 전화 상담처럼 전문가와의 상담 서비
스도 스마트 스피커에서는 좀 더 편리하게 그리고 더욱더 많
은 분야의 전문가들과 상담하며 이 시장의 활성화를 가져다줄
것이다. 그렇게 되면 상담 시간만큼 서비스 사용료를 지급하는
유료 서비스 모델이 구현되어 상담 서비스 중계 플랫폼의 규모
가 커지게 되고, 플랫폼이 커지면 유료 서비스를 제공하는 전
문 상담가들이 고객을 유치하기 위해 마케팅을 할 것이다. 그
러면 이와 관련된 광고 수익 모델이 새롭게 형성된다. 이미 구
글 어시스턴트와 알렉사는 다양한 종류의 봇들이 상식, 퀴즈,
유머 등을 알려주고 연애, 인생, 친구와 관련된 고민 상담도 해
주고 있다. 다만 아직은 사람처럼 자연스럽지 못한 기계적인
반응이라 사용자들의 만족도가 낮다. 하지만 AI가 진짜 사람과
구분할 수 없을 만큼의 목소리와 감정 이입 그리고 깊은 대화
가 가능하도록 계속해서 진화하고 있기 때문에 만족도는 높아
질 것으로 기대된다.

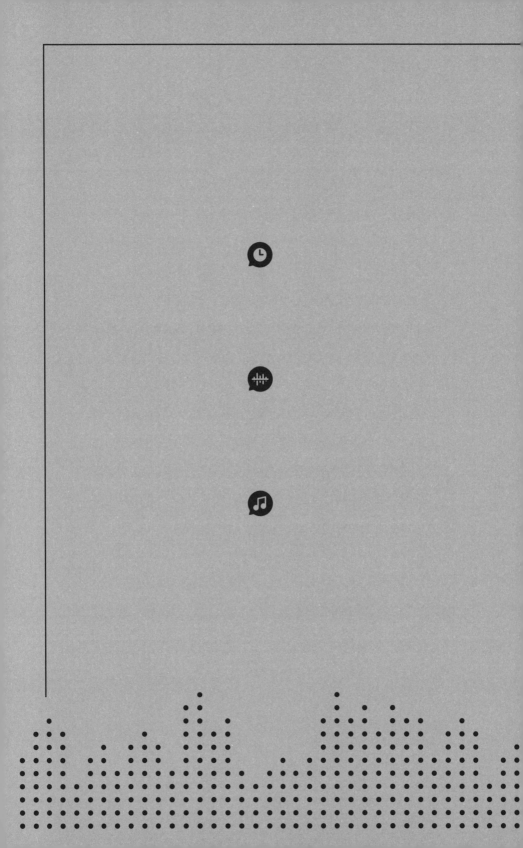

6장

AI 플랫폼과
킬러앱

사람들이 많이 모이는 명동이나 강남은 땅값이 비싸고 건물세도 비싸다. 사람들이 자주 찾는 곳은 유동성이 높아 그만큼 비즈니스의 기회가 많기 때문이다. 킬러앱도 마찬가지다. 사람들이 '자주 많이 오래' 사용하는 서비스가 킬러앱이 된다. 웹에서는 검색, 모바일에서는 SNS가 대표적인 킬러앱이다. 이런 킬러앱을 놓치게 되면 플랫폼을 지배하더라도 수익의 기회를 놓치게 되고, 킬러앱이 더 큰 서비스 플랫폼이 되어 플랫폼 자체를 위협할 수 있다. 그러므로 플랫폼에서는 킬러앱의 동향과 전망에 대한 이해와 분석이 중요하다. AI 플랫폼에서 가장 널리 사용되는 서비스는 AI 어시스턴트다. AI 어시스턴트를 이용해서 가장 많이 사용하는 서비스가 무엇인지를 파악하면 AI 플랫폼에서의 킬러앱을 예측할 수 있다. 과연 AI 플랫폼에서는 어떤 서비스가 킬러앱이 될까?

킬러앱의 배경은 보급 대수

한국에서 킬러앱이라 말할 수 있는 서비스는 카카오톡, 티맵, 네이버, 유튜브, 인스타그램 등이다. 그간 연구한 결과에 따르면 적어도 인구의 20% 이상이 사용해야만 킬러앱의 반열에 올랐다고 평할 수 있다. 이 서비스들은 한국에서 사용자가 1천만 명을 훌쩍 넘었기 때문에 킬러앱이라 할 수 있다. 그렇다면 서비스 사용자만 많으면 전부 킬러앱이라 할 수 있을까? 킬러앱으로 자리매김하기 위해서는 어떤 조건들이 필요할까?

1천만 대가 킬러앱의 시작점

킬러앱이 자리매김하기 위해서는 킬러앱이 나올 수 있는 플랫폼 환경이 갖춰져야 한다. 킬러앱을 위한 플랫폼은 우선 전 국민의 20% 이상이 사용하는 명확한 하드웨어 디바이스가 있어야 한다. 그리고 다양한 킬러앱이 개발될 수 있는 개발환경, 즉 API와 전용 개발 툴 키트가 지원되어야 하고, 마지막으로 사용자들이 쉽게 킬러앱을 탐색하고 설치할 수 있는 채널이 필요하다.

예를 들어 한국의 경우 스마트폰의 보급이 1천만 대 이상이 되었을 때가 모바일 플랫폼에서 킬러앱이 나올 수 있는 시작점이다. 그리고 애플과 구글이 API와 SDK를 제공해야 스마

〈 킬러앱이 되는 과정 〉

비즈니스 모델 혁신 — 문화 50%

킬러앱 등장 — 대중의 선택 20%

통신 속도
소프트웨어 표준화   10%
하드웨어 경쟁

기술 상향 평준화

얼리어답터의 열광 2%

신기술 등장

킬러앱은 하드웨어가 저렴해지고, 소프트웨어가 편리해지고, 인터넷 속도가 빨라지면 본격적으로 성장한다.

트폰에서 이용할 수 있는 아이폰용 또는 안드로이드폰용 앱들이 개발될 수 있다. 마지막으로 이렇게 만들어진 다양한 앱을 사용자가 검색하고 스마트폰에 설치해서 사용할 수 있도록 앱 스토어와 구글 플레이스토어가 있어야 카카오톡이나 인스타그램과 같은 킬러앱들이 나올 수 있다.

2020년 1월 한국에서 AI 플랫폼을 위한 전용 디바이스인 스마트 스피커의 보급이 1천만 대를 훌쩍 넘었다. 스피커 형태는 아니지만, TV, 에어컨, 냉장고, 자동차 등 다른 여러 기기에 AI 어시스턴트가 탑재되어 출시되면서 AI 플랫폼의 저변은 훨씬 더 빠른 속도로 확대되고 있다. 문제는 AI 플랫폼에서 사용하는 서비스를 개발할 수 있는 개발 툴 키트의 보급이 제한적이라는 점이다. 기기는 보급됐는데 AI 어시스턴트로 호출해서 사용할 수 있는 서비스가 없다면 AI 어시스턴트는 무의미하게 될 것이다.

개발 툴 키트에 따라 달라지는 서비스

킬러앱은 플랫폼에서 제공하는 API와 SDK에 따라 달라진다. 쉽게 말해, API를 음식 재료라고 한다면, SDK는 조리도구다. 음식 재료와 조리도구에 따라 요리할 수 있는 음식이 천차만별인 것처럼 API와 SDK에 따라 AI 플랫폼에서 개발 가능한 서비스들도 달라진다. 그러므로 AI 플랫폼에서 어떤 킬러앱이 자리 매김할지 예측하려면 사용 가능한 API와 이를 도와주는 개발 툴 키트의 역할이 중요하다.

아마존과 구글의 AI 플랫폼만 봐도 API와 SDK가 조금씩 다른 기능을 제공한다. 아마존의 알렉사는 주로 사용자 간에 통화나 메시지 등의 통신 기능을 제공하고 이를 아마존의 상품 탐색과 쇼핑 관련 서비스와 연계해서 사용할 수 있도록 해준다. 구글은 방대한 구글 검색 서비스와 구글 어시스턴트에 등록할 수 있는 스마트홈 기기, 안드로이드 서비스 등 연동할 수 있는 서비스가 많아서 좀 더 다양한 기능과 용도로 서비스를 만들 수 있도록 도와준다.

현재까지 개발 툴 키트를 제공하는 곳은 아마존과 구글이 대표적이고 국내에서는 SKT, 네이버, 카카오 정도다. 그런데 국내 AI 플랫폼에서 제공하는 API와 SDK를 아마존이나 구글에서 제공하는 개발 툴 키트와 비교하면 그 수준이 한참 떨어진다. 그렇다 보니 제공된 개발 툴 키트를 이용해서 개발할 수 있는 앱이 한정적일 수밖에 없다. 아마존의 경우 스킬 스토어에 등록된 스킬 중 AI 플랫폼에서 사용 가능한 스킬이 수만 개고 구글은 액션 온 구글에 수천 개가 등록되어 있다. 이에 비해 국내 AI 플랫폼들은 겨우 수십 개 수준이다.

앞으로 국내 AI 플랫폼용 킬러앱의 수준이 아마존과 비슷

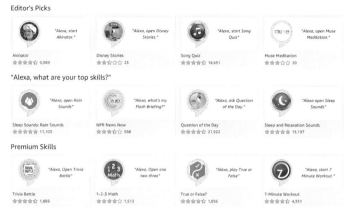

아마존의 경우 스킬 스토어에 등록된 스킬 중 AI 플랫폼에서 사용 가능한 스킬이 수만 개다.

해지려면 2년 정도의 시간이 필요할 것으로 보인다. 2020년에 AI 플랫폼을 이용하는 기기의 보급이 이뤄지고, 2021년에는 개발 툴 키트의 진화, 그리고 2022년부터 개발된 서비스들을 쉽게 검색하고 설치할 수 있는 채널이 생긴다면 본격적으로 AI 플랫폼용 킬러앱들이 나타날 것이다.

문제는 콘텐츠다

PC, 스마트폰, 태블릿 시장에서 웹이나 앱 생태계가 지속해서 성장할 수 있었던 것은 볼거리, 즐길 거리가 많았기 때문이다. 오락실에 재미있는 게임이 많아야 사람들이 북적거리는 것처럼 스마트 스피커가 대중화되려면 풍성한 콘텐츠가 필수다. 스피커로 즐길 수 있는 콘텐츠는 음악, 라디오, 오디오북 정도라고 생각하기 쉽지만, 끝말잇기 게임, 날씨와 주가 정보, 대화와 상담 등 상호작용하는 콘텐츠도 있다.

알렉사 스킬 중 피트니스 관련 스킬은 트레이너가 운동 동작을 설명하고 구령을 붙여주는 등 실제 개인 PT를 받는 것과 비슷한 느낌을 준다. 퀴즈 스킬에는 음악을 들려주고 맞추거나 상식 문제를 내고 푸는 것들이 있고, 마음을 평안하게 해주는 명상 스킬은 스트레스를 잠재우고 힐링할 수 있도록 명상 관련 소리와 이야기를 들려준다. 스마트 스피커로 이용할 수 있는 콘텐츠는 모두 새로운 비즈니스의 기회가 될 것이다.

하지만 그렇다고 해서 콘텐츠만 있어서는 안 된다. 콘텐츠가 기기 특성에 맞게 재구성되어 새로운 경험을 사용자에게 제공해야만 PC나 모바일 못지않은 새로운 생태계가 만들어질 수 있다. 예를 들어 스마트 스피커의 핵심 콘텐츠인 음악, 오디오북, 팟캐스트 그리고 자연의 소리나 화이트 노이즈 등이 새로운 서비스로 잘 구현되어야 한다. 밤 12시에 조명을 끄고 침대에 누우면 자동으로 스마트 스피커에서 내게 맞는 잠잘 때 듣기 좋은 음악이나 자연의 소리가 나오거나 스마트 스피커로 전화 통화를 하면서 상대방과 함께 듣고 싶은 음악을 바로 호출해서 함께 들을 수 있어야 한다.

오디오 콘텐츠 외에도 텍스트를 귀로 편안하게 들을 수 있도록 구성하는 것도 중요하다. 기계나 전문 성우가 읽어주는 지금의 전자책 대신 AI를 이용해서 좋아하는 연예인이나 아버지, 어머니, 연인의 목소리로 전자책을 읽어주거나 모닝콜, 일기예보 등도 미리 녹음된 천편일률적인 목소리보다 선호하는 특정인의 목소리로 정보를 들려준다면 같은 메시지라도 전혀 다른 경험을 줄 수 있다. 이를 위해서는 기존의 웹이나 앱으로 보던 콘텐츠들을 오디오 형태로 들을 수 있는 변환 시스템과 텍스트를 특정인의 음성으로 자동 변환해주는 음성 합성 및 생성 기술이 필요하다. 즉, 오디오에 최적화된 포맷으로 콘텐츠를 새롭게 제작할 수 있어야 한다.

AI 어시스턴트가 이렇게 다양한 콘텐츠를 잘 활용하기 위해서는 콘텐츠에 대한 상세 분류가 필요하다. 구글 어시스턴트에 "유튜브 뮤직에서 2000년대 인기 여자 아이돌 음악 들려줘", "비 오는 날 듣기 좋은 음악 들려줘", "인기 드라마 OST 음악 들려줘"라고 했을 경우 곡에 대한 상세한 정보가 태깅tagging되어 있어야 요청에 맞는 음악을 제공할 수 있다. 이를 메타 데이터라고 하는데, 데이터의 유형을 정하는 데이터라는 의미에서 '데이터에 대한 데이터'를 의미한다. 즉, 음악 데이터에 대한 다양한 정보가 음악별로 정의되어 있어야 원하는 음악을 제공할 수 있다.

킬러앱 탄생을 위한 5G

전 세계 최초로 한국이 5G 상용화에 성공했다. 하지만 아무리 속도가 빠르고 초지연성의 특징을 가지고 있다고 하더라도 이를 이용하는 적합한 서비스가 없다면 5G는 4G LTE 대비 경쟁력이 없다. 3G에서 4G LTE 그리고 피처폰에서 스마트폰으로 사용자들이 급격히 옮겨간 이유가 카카오톡, 티맵, 모바일 게임 등의 킬러앱인 것처럼 5G의 성공도 킬러앱으로 판가름 날 것이다.

AI 플랫폼이 다양한 기기에 탑재되고 이를 위한 전용 네트워크로서 5G가 대중화되기 시작하면 5G에 어울리는 킬러앱들이 AI 플랫폼과 함께 주목받게 될 것이다. 5G 킬러앱은 기존의 스마트폰 외에 VR, AR 그리고 자동차 등에서 AI 플랫폼과 무관하거나 혹은 연관된 방식으로 진화된 형태일 것이다. 흔히 더 빠른 속도의 네트워크로 알려진 5G는 고화질의 영상, 대용량의 데이터가 필요한 VR 게임 등에서 진가를 발휘할 것이라고 말하지만 이 서비스들은 WiFi로도 가능하다. 기존 4G LTE와 비교했을 때 속도 차이는 있을지언정 새로운 것은 아니다. 그렇다면 과연 5G의 킬러앱은 무엇이 될까?

지금까지의 변화를 살펴보면 피처폰에서 킬러앱은 음성 통화와 SMS였고, 스마트폰에서는 카카오톡, 위챗, 왓츠앱, 라인 등이다. 둘 다 커뮤니케이션 서비스가 킬러앱이 되었다. 같은 종류의 서비스지만 스마트폰은 피처폰에서 할 수 없었던 무료 국제전화나 사진, 이모티콘, 선물하기 등 다양한 멀티미디어 콘텐츠 사용, 그리고 수십 명과 함께 대화가 가능한 서비스를 제공했다. 단지 속도가 빨라져서가 아니라 GPS, 마이크, 카메라, 지문인증 등의 기능을 새로운 콘텐츠 서비스로 만들었기 때문이다. 킬러앱은 속도와 초지연성이라고 하는 통신 기술의 진화를 통해 나올 수 있는 것은 아니다. 새로운 경험을 제공하며 기존과 다른 가치를 만들어내야 한다. 스마트폰이 피처폰과 차이를 만들어낸 것처럼 4G LTE와는 다른 5G만의 경쟁우위 기능을 보여줘야 한다.

그런데 5G가 4G LTE에 비해 확연히 다른 서비스 기능을 제공할 수 있을지는 의문이다. 솔직히 말해 현재의 스마트폰보다 더 획기적인 기능이 제공되기는 어려울 것으로 보인다. 5G는 오히려 서비스 기능보다 초고속 유선 인터넷의 PC, WiFi의 노트북, 4G LTE의 스마트폰처럼 새로운 하드웨어를 통해 새 기능을 제공해야 한다. 특히 5G는 AI 어시스턴트를 통해 다양한 기기에 적용 가능하기 때문에 스마트폰을 넘어 자동차, 드론, 로봇, 의료기기, 공장의 기계 등 여러 하드웨어에서 새로운 가치를 만들어내기 적합하다. 원격 의료 수술이나 원격 드론처럼 단 0.1초의 지연도 허용할 수 없는 진화된 환경을 만드는 기기와의 결합에서 나온 새로운 서비스가 5G의 킬러앱이 될 것이다.

마이크로소프트의 애저 키넥트와 홀로렌즈2 그리고 VR, AR도 5G와 궁합이 맞는 기기들이다. WiFi가 주는 무선의 자유로움과 유선 인터넷보다 빠른 초고속 속도를 보장해주는 5G는 새로운 디스플레이 장치에 안성맞춤 네트워크다. 5G를 만난 이 기기들은 게임, 교육, 영화, 음악, 만화 등 기존 콘텐츠를 전혀 다른 형태로 재구성해 TV, PC, 스마트폰에서는 경험할 수 없었던 새로운 사용자 경험을 제공할 것이다. 같은 내용의 만화, 영상, 이미지라 할지라도 VR, AR이라는 새로운 디스플레이를 이용해서 보게 되면 전혀 다른 경험을 할 수 있다. 기존 콘텐츠의 사용자 경험이 바뀌는 것만으로도 5G에서는 훌륭한 킬러앱이 된다. 실제 스마트폰 이후에 출시된 새로운 디지털 기기에는 5G가 탑재되어 있어 새로운 인터넷 경험과 함께 VR, AR 전용 콘텐츠 킬러앱들이 등장하고 있다.

또한, 5G와 결합한 에지 컴퓨팅에서 4G LTE가 주지 못했던 특별한 기능이 솔루션으로 제공된다면 이 역시 5G의 킬러앱으로 주목받게 될 것이다. 클라우드와 물리적으로 멀리 떨어진 곳에 있는 공장, 농장, 사막의 석유 시추 시설, 산골 오지의 군사 시설, 심해의 탐사 시설처럼 특수한 상황에서는 네트워크 속도 문제로 클라우드의 데이터를 활용하는 데 제약이 많다. 하지만 이들 주변에 에지 컴퓨팅을 설치해두고 이를 5G로 연결하면 빠른 속도로 클라우드 서비스를 이용할 수 있다.

새롭게 등장한 5G의 킬러앱들이 사용자들에게 좀 더 쉽게 다가가기 위해서는 사용 요금이 중요하다. 아무리 유용한 킬러앱이라 하더라도 이를 이용하는데 비용 부담이 크면 찾는 사람이 없다. 5G 요금제는 5G 킬러앱의 특성에 맞게 스마트폰만 고려할 것이 아니라 스마트워치, 태블릿, 자동차, VR, IP카메라, 로봇청소기 등 한 개인 혹은 한 가정에서 사용하는 여러 기기를 통합해서 설계해야 한다. 4G LTE 요금제의 경우 스마트폰 외에 추가로 태블릿과 스마트워치를 등록하려면 추가 요금을 내야 한다. 결합 요금이 있긴 하지만 추가 단말기에 대한 요금을 감면해주는 형태다. 5G 요금제는 VR, 자동차, 로봇청소기 등 사용하는 기기별로 요금이 부과되거나 결합된 형태의 요금제가 아니라 총 데이터 사용량이나 사용자를 기준으로 요금을 부과하는 요금제가 적합하다. 예를 들어 월 100GB에 대한 요금을 내면 이 100GB를 어떤 기기에서 사용하든 상관없다. 혹은 한 개인이나 가정에 통합 요금제를 지급하면 지불한 요금만큼 사용자 계정에 등록된 모든 기기에서 데이터를 나눠 사용할 수 있다. 이렇게 기기 중심이 아닌 사람 중심으로 요금제가 설계되어야 개별 요금을 합산한 전체 비용의 부담을 줄일 수 있고 이용하는 하드웨어별로 요금을 지급해야 하는 번거로움도 없앨 수 있다. 요금 부담이 적어야 5G의 킬러앱이 만들어질 하드웨어의 보급이 늘고 킬러앱을 사용하는 사람들이 많아질 것이다.

	1990	2000	2010	2020
플랫폼	PC통신	WWW	모바일	AI
디바이스				
네트워크	모뎀	초고속 인터넷	4G LTE	5G
패러다임	메인프레임-터미널	서버-클라이언트	클라우드	클라우드(에지 컴퓨팅, 블록체인)
인터페이스				
킬러앱	채팅	검색	SNS	어시스턴트

결국, 5G의 킬러앱이 다양해지기 위해서는 새로운 하드웨어의 출현이 필수 요건이지만 기존처럼 단말기별 과금이 아닌 좀 더 효율적인 통신 요금제의 설계가 선행되어야 한다. 그렇기 때문에 제조사뿐만 아니라 통신사의 역할이 중요하다. 하드웨어별로 용도에 맞는 네트워크 기술 지원과 에지 컴퓨팅 솔루션 제공 그리고 적절한 요금제가 뒷받침되었을 때 5G 킬러앱의 생태계가 마련될 것이다.

AI 플랫폼에서의 킬러앱 전망

한메일로 시작한 다음이나 지식인으로 성장한 네이버는 처음부터 지금까지 제공하는 서비스 메뉴가 크게 변하지 않았다. 두 서비스 모두 메일, 카페, 블로그, 뉴스, 동영상 등 기존 메뉴를 꾸준히 제공하고 있다. 반면에 메신저로 시작한 카카오톡이나 위챗 등은 단순히 메시징 기능만 제공하던 초기와 비교하면 현재는 동영상, 커머스, 검색, 간편결제 등 다양한 기능을 통합적으로 제공한다. 카카오의 경우 다음과 멜론 등을 인수하며 계속 성장 중이다. 이처럼 사용자의 주목을 받고 트래픽이 쌓이다 보면 더 많은 사용자를 더 오래 자주 잡아두기 위해 다른 서비스의 영역을 통합, 확장하기 마련이다. AI 플랫폼의 킬러앱도 이러한 전철을 밟아갈 것이다.

킬러앱이 주는 새로운 경험

스마트폰의 등장과 함께 기존 PC 기반의 웹에서는 경험하기 어려웠던 새로운 서비스들을 이용할 수 있게 되었다. AI 플랫폼에서도 이와 마찬가지로 새로운 경험을 가져다주는 서비스가 킬러앱이 될 것이다. 어떤 기기에나 탑재 가능하고, 말만 하면 그 즉시 인터넷 서비스를 이용할 수 있는 AI 플랫폼은 기존 플랫폼과는 확연히 다른 특징으로 사용자들에게 새로운 경험을 줄 것이다.

네이트온이 스마트폰으로 전이되지 못하고, 카카오톡이 스마트폰에 최적화된 서비스를 제공하며 기회를 잡은 것처럼 스마트 스피커에 최적화된 킬러앱은 스마트폰의 카카오톡이 전이된 형태가 아닐 것이다. 기존 서비스에서 확장된 서비스 형태로 킬러앱을 제공한다면 AI 플랫폼에 최적화된 서비스 경험을 제공하기 어렵다. 그러므로 기존과 다른 서비스 기획과 설계가 필요하다.

AI 플랫폼의 가장 큰 특징은 어떤 기기에서든 사용 가능하다는 것이다. 때문에 킬러앱은 스마트 스피커에만 국한되면 안 된다. 기존의 웹이나 앱의 킬러앱들은 관련 기기인 PC와 스마트폰의 사용 특성에 최적화되어 운영되지만, AI 플랫폼의 킬러앱은 특정 기기에 종속되지 않는다. 수많은 기기가 인터넷에 연결되어 클라우드의 AI 서비스를 이용할 수 있기 때문에 하드웨어에 종속되는 킬러앱일 수 없다. 다양한 기기에 AI 어시스턴트를 설치하거나 사용자 계정을 등록하는 방식으로 각 기기의 특성에 따라 서비스 형태가 최적화될 것이다.

예를 들어 냉장고는 요리사가 옆에서 직접 레시피를 알려주는 것처럼 요리 과정을 안내해주는 콘텐츠가 제공될 것이고 세탁기는 옷에 부착된 패치를 세탁기가 자동으로 인식해서 세탁물을 나누고 종류에 맞춰 세탁 코스를 안내하며 유의 사항

LG전자 트롬 세탁기 씽큐는 음성으로 전원을 켜고 끄거나 세탁 코스, 옵션 등을 설정하는 것뿐만 아니라 세탁기 상태를 진단한 결과나 날씨에 따라 세탁 코스를 추천해주기도 한다.

을 알려줄 것이다. 스마트 스피커가 위치한 곳이 주방인지, 화장실인지, 거실인지, 안방인지, 아이 방인지를 AI에 미리 설정해두면 그 공간에 맞게 콘텐츠가 제시되는 것이다. 같은 음악을 듣더라도 화장실과 거실에 따라 고음과 저음, 이퀄라이저, 에코 등이 다르게 지정되어 더 풍부한 소리로 음악을 감상할 수 있고, 거실에 있는 스마트 스피커에 유튜브를 연결해서 음악을 들으면 거실 TV에 자동으로 해당 음악의 뮤직비디오가 나올 것이다. 구글의 스마트 스피커는 이미 집 안에 설치한 모든 스피커를 하나의 그룹으로 묶어서 동시에 음악을 재생할 수 있고, 구글 어시스턴트로 집 밖에서도 스마트폰을 이용해서 집 안에 있는 스마트 스피커에 중계방송을 할 수 있다. 이렇게 기존에 경험할 수 없었던 차원이 다른 자동화된 서비스 경험이 AI 킬러앱이 주는 새로운 경험이다.

4C 영역의 킬러앱

최근 서비스들은 다양한 영역을 통합해서 포괄적으로 서비스를 제공한다. 스마트폰에서 제공하는 앱 서비스만 봐도 구분이 모호해졌다. 인스타그램은 커뮤니티 서비스임과 동시에 사진이라는 정보를 공유하는 콘텐츠 서비스에 속한다. 사용자 간에 메시지를 주고받을 수 있어 커뮤니케이션 영역에 포함할 수 있

서비스 구분	PC 기반의 웹	스마트폰 기반의 모바일	스마트 스피커 기반의 AI
콘텐츠	웹툰, 블로그, 검색	유튜브, 넷플릭스, 티맵, 틱톡	팟캐스트, 오디오북, 교육 서비스
커뮤니케이션	이메일, 메신저, 채팅	카카오톡, 왓츠앱, 라인, 위챗, 스냅챗	공간 연결, 전문가 상담, 24시간 통화
커뮤니티	카페, 싸이월드	페이스북, 트위터, 밴드, 인스타그램	쌍방 소통 방식의 인스턴트한 라이브 오디오
커머스	오픈마켓, 쇼핑몰	소셜 커머스, O2O 커머스, 간편결제	자동 주문, 정기 결제

고 1인 마켓을 주도하는 창구로 상품 구매를 연계시키면서 커머스로 분류할 수도 있다. 이런 흐름으로 본다면 AI 플랫폼에서의 킬러앱도 처음에는 영역이 구분되어 나올 수 있겠지만 결국에는 다른 서비스 영역까지 통합하는 포털형 서비스로 거듭날 것이다. 음성 인터페이스 기반으로 특화된 킬러앱들이 기존과 같은 영역이라 할지라도 다른 경험과 기능을 제시하면 새로운 트렌드를 만들어낼 수 있다.

새롭게 자리 잡을 AI 플랫폼의 킬러앱을 4C로 나눠 살펴보면, 콘텐츠contents 킬러앱은 팟캐스트, 오디오북, 교육 콘텐츠가 예상된다. 다양한 오디오 콘텐츠를 청취할 수 있는 팟캐스트가 AI 플랫폼의 주력 콘텐츠 킬러앱이 될 것이다. 유튜브의 오디오 버전이라고 볼 수 있다. 전 세계 사람들이 인터넷 라디오 방송을 통해 각자의 관심사와 지식, 경험을 나누면 이를 스마트 스피커를 통해 청취하는 것이다. "알렉사, 캐나다에서 두 아이 키우는 강희진 스킬 들려줘", "OK 구글, 팟캐스트에서 인기 생방송 리스트 알려줘"라고 말하면 콘텐츠가 자동으로 제공된다.

아이들을 위한 각종 교육 서비스도 인기를 끌 것이다. 넷플릭스에서 하는 〈블랙미러 시즌 5〉의 '레이첼, 잭, 애슐리 투' 편에는 레이첼이라는 10대 여자아이가 유명 연예인 애슐리 오를 본떠 만든 "애슐리 투too"라는 로봇 인형과 함께 성장하는 에피소드가 있다. 애슐리 투는 실제 사람인 애슐리의 성격과 기억 등이 모두 복사된 AI다. 레이첼은 이 AI와의 대화를 통해 학교생활의 어려움을 토로하고 위로를 받으며 점차 자신감을 되찾아간다. AI가 화장하는 법이나 춤추고 노래하는 법을 가르쳐주기도 한다. 애슐리 투처럼 스마트 스피커에 내장된 AI는 아이들과 대화를 나누는 친구이자 학업에 도움을 주는 선생님 등 다양한 역할을 하게 될 것이다.

인공지능과 인간의 대화

넷플릭스에서 방영하는 〈블랙미러 시즌 5〉의 '레이첼, 잭, 애슐리 투'에서 레이첼이 유명 연예인 애슐리를 본 떠 만든 AI 로봇과 대화를 나누는 장면이다.

　　스마트 스피커의 최대 강점은 늘 켜져 있고, 명령 즉시 바로 답을 얻을 수 있다는 점이다. 그런데 그 답이 이미 AI에 정해져 있는 전형적인 내용이기 때문에 대화가 그다지 인간적이진 않다. 그러므로 AI 플랫폼에서의 커뮤니케이션communication 킬러앱은 기계보다는 사람 간의 대화를 연결해주는 기능에 특화될 것이다. 내가 아는 사람과 대화를 나누는 기존 통화 개념에서 확장되어 만나기 어려운 사람들이나 특정 분야 전문가, 모르는 사람이지만 특정 주제에 관심을 가진 많은 사람과 연결해서 소통할 수 있도록 해주는 상담형 대화 서비스가 킬러앱으로 등장할 것이다.

또한, 기존 통화 서비스가 한시적인 연결의 형태였다면 스마트 스피커에서의 커뮤니케이션은 24시간 연결되어 대화를 나누지 않더라도 각자의 공간에서 나는 소리를 공유하는 개념일 것이다. 즉, 공간 자체를 연결하는 것이다. 이미 각자의 집에서 혼자 술을 마시며 유튜브나 구글의 통신앱인 행아웃(카카오톡과 유사한 구글의 메신저 서비스), 카카오톡의 페이스톡을 이용해서 얼굴을 보며 함께 음주를 즐기기도 하지만 이런 서비스는 이용할 때마다 컴퓨터나 스마트폰을 실행해서 수신인을 지정해 연결해야 하는 번거로움이 있다. 게다가 실제로 함께 있다는 느낌이 덜하다. 하지만 스마트 스피커나 AI에 연결된 카메라는 내가 있는 공간에 놓인 기기에 탑재되어 있어서 음성으로 즉시 실행해서 24시간 내내 연결해둘 수 있고, 같은 공간에 있진 않지만 마치 옆에서 대화하는 듯한 느낌을 느낄 수 있다. 구글의 네스트홈 허브와 네스트 캠 인도어 카메라를 이용하면 이런 서비스를 경험할 수 있다. AI 플랫폼에서 커뮤니케이션이 주는 새로운 경험은 서로 다른 공간에 있지만 같은 공간에 있는 것 같은 가상의 체험이라 할 수 있다.

커뮤니티community 역시 특정 주제에 관심을 가진 사람들이 텍스트와 사진, 문서의 형태로 정보를 공유하는 카페나 페이스북과 달리 음성을 기반으로 한 AI 플랫폼의 특성에 맞게 타이핑이 아닌 녹음 형태가 될 것이다. 하지만 텍스트를 녹음해서 단지 음성으로만 바꾼 것이라면 기존 서비스와 다를 바 없다. AI 플랫폼에서의 커뮤니티는 일방적인 녹음이 아닌 실시간으로 여러 명이 대화를 나누며 이야기를 공유하고 소통하는 방식일 것이다. 예를 들어 '레고'에 관심 있는 사람들이 모인 커뮤니티는 매주 화요일 저녁 9시에 1시간가량 3명의 인플루언서가 서로가 가진 생각을 이야기하는데 수백 명의 청취자가 이 대화에 참여할 수 있다. 그리고 이야기한 1시간 동안의 내용은 녹음되어 팟캐스트 형태로 듣거나 나눴던 대화 중 찾고자 하는 부분만 검색해서 다시 청취할 수도 있다. 일방적으로 송출하는 형태가 아니라 방송을 하는 사람과 듣는 사람 모두 함께 대화를 나누는 인스턴트 한 라이브 오디오가 메인 커뮤니티 서비스가 될 것이다.

커머스commerce도 기존과 다른 형태로 고도화될 것이다. 특히 정기적으로 구매하는 소모품이나 생필품 부분이 특화될 것으로 보인다. 냉장고의 음식 재료, 공기청정기의 필터, 면도날, 샴푸, 기저귀 등 반복적으로 구매해야 하는 상품들이 각 기기의 센서와 결합해서 필요할 때 자동으로 주문되는 방식이다. 깜박하고 구매하지 못했거나 상품을 찾아볼 시간이 없어도 괜찮다. AI 플랫폼이 수집된 데이터를 기반으로 알맞은 상품을 이미 구매했을 것이다.

기존 킬러앱과의 관계

새롭게 나온 킬러앱들이 AI 플랫폼에서 자리매김하게 되면 기존 킬러앱들은 어떻게 될까? AI 플랫폼에 최적화된 킬러앱들에 밀려 전부 사라지게 될까? 그렇지 않을 것이다. 기존 서비스의 사용량이 줄어들게 되면서 새 킬러앱으로 부분 대체되거나 서비스 간에 상호 보완하는 관계가 될 것이다. 음악 서비스는 이미 스마트폰에서 킬러앱임과 동시에 스마트 스피커에서도 킬러앱이다. 이 두 플랫폼에서의 킬러앱은 상호 보완적으로 진화하고 있다. 팟캐스트는 스마트폰의 킬러앱은 아니지만 널리 이용되고 있고 스마트 스피커와 만나면서 음악보다 더 큰 상호 시너지를 내고 있다.

그렇다면 이미 서비스 사용이 많이 줄어든 라디오는 어떨까? 유튜브로 인해 TV 시청률이 하락하긴 했지만, 유튜브, 넷플릭스, 웨이브 등 새로운 인터넷 콘텐츠 플랫폼에서 TV의 핵심 콘텐츠가 여전히 활용되고 있다. 이것이 가능한 이유는 가정에서 TV가 아직 사라지지 않았고 이를 대체할 만한 다른 기기가 나오지 못했으며, TV 콘텐츠가 인터넷 서비스에서 여전히 유통되고 있기 때문이다. 하지만 라디오는 스마트 스피커로 대체되면서 기기 자체가 사라지게 될 것이다. 그렇게 되면 라디오 방송이 오히려 스마트 스피커의 킬러앱이 될 수 있다. AI 어시스턴트가 라디오 방송을 쉽게 탐색해서 원하는 영역만 선택 청취할 수 있게 해준다면, 2시간이 넘는 방송 전체가 아니라 주제별로 방송 내용을 구분해서 제공한다면 가능하다고 본다. 그래야만 스마트 스피커뿐만 아니라 자동차, 냉장고 등에서도 쉽게 라디오 방송에 접근할 수 있어 라디오가 하나의 킬러앱으로 자리매김할 수 있다.

물론 AI 플랫폼에 최적화된 서비스가 킬러앱으로 자리매김하게 되면 기존 플랫폼에서 사용하던 킬러앱 중 일부는 사라지게 될 것이다. 특히 커뮤니케이션 서비스 부분이 그렇게 될 가능성이 크다. AI 플랫폼에서 사용하는 커뮤니케이션 서비스는 불특정 다수를 대상으로 한 상담이나 여러 명이 동시에 이야기를 나누면서 중계하는 형태이기 때문에 서비스의 사용자 저변이 확대되면 기존의 커뮤니케이션 서비스가 제공하던 기능을 새로운 서비스에서 통합 제공하게 되므로 기존 킬러앱이 사라지게 된다. AI 플랫폼에서 통화하는 것이 자연스러워지면 대부분의 통화를 AI 플랫폼에 등록된 계정을 통해서 하게 되고 그러다 보면 스마트폰 앱, 컴퓨터 소프트웨어까지 AI에 등록한 계정을 이용해서 연결할 것이다. 즉, 사용자가 어떤 기기, 어떤 앱을 이용하든 상관없이 AI 어시스턴트 계정 하나로 사물과 공간, 그리고 사람을 모두 연결하게 된다.

구글 어시스턴트에 등록한 계정을 이용하면 스마트홈의 구글홈과 네스트 허브 그리고 스마트폰에 설치한 구글의 행아

웃, PC의 지메일 등을 하나의 계정으로 단일화된 경험을 할 수 있다. 전화번호도 필요 없고, 기기마다 앱을 따로 설치할 필요도 없다. 서로 계정만 알면 언제 어디서든 다양한 기기를 이용해서 대화할 수 있다. 이러한 커뮤니케이션 서비스는 향후 카카오톡, 스냅챗, 전화, SMS에 큰 영향을 줄 것이다.

그러므로 기존 플랫폼에서 이미 킬러앱으로 사용자를 확보한 서비스들은 AI 플랫폼의 킬러앱이 기존 서비스와 무관하다고 여겨서는 안 된다. 사용자들은 언제라도 더 좋은 서비스가 나타나면 기존 경험을 버리고 새로운 경험을 선택하기 때문에 AI 플랫폼에서 어떤 킬러앱이 나올지 전망하고 대응해야 한다.

스마트홈에서의 서비스 경험

AI 플랫폼은 모든 기기를 아울러 입체적인 경험을 제공하는 방식으로 동작된다. 그런 기기들이 모여 있는 곳이 바로 집이다. 이미 인터넷에 연결된 PC, 스마트폰, 태블릿을 가장 많이 사용하는 장소이며 IPTV를 통해 인터넷에 연결된 TV가 있다. 최근에는 냉장고, 세탁기, 에어컨, 공기청정기, 로봇청소기 등 많은 가전기기를 인터넷에 연결할 수 있어 집은 AI 플랫폼이 운영되기에 최적의 공간이다. 이 공간에서 자동화된 서비스 경험을 제공하는 것을 스마트홈이라고 한다.

스마트홈을 킬러앱으로

우리가 스마트홈을 이용하는 이유는 가정에 있는 기기들의 상태를 한눈에 살펴보고 조작하기 위함이다. 냉장고의 월 전력 소모량, 세탁기의 남은 세탁 시간, 에어컨의 필터 교환 시기 등을 자동으로 확인하고 기기를 제어하기 위해 스마트홈 서비스가 필요하다. 그런데 기기별로 개별적인 앱이나 계정으로 로그인해서 확인해야 한다면 아무런 의미가 없다. 스마트홈 킬러앱은 모든 기기를 통합해서 서비스를 제공해야 한다. 제조사에 상관없이 삼성 에어컨, LG 냉장고, 샤오미 공기청정기가 하나의 앱으로 연결되는 통합 서비스여야 한다.

현재 구글홈이 이를 충족시켜준다. 구글홈을 이용하면 다양한 종류의 스마트홈 기기를 통합 연결해서 사용할 수 있다. 게다가 구글 어시스턴트를 이용하면 음성으로 바로 기기의 상태를 확인하고 제어

스마트홈 킬러앱은 하나의 앱에서 모든 가전기기를 제어할 수 있는 통합 서비스를 제공해야 한다.

까지 가능하다. 아마존의 알렉사와 애플의 시리도 여러 제조사의 기기를 등록해서 사용할 수 있도록 서비스를 제공하고 있으며 국내의 SKT 누구와 카카오도 스마트홈을 AI 플랫폼의 주요 킬러앱으로 진화시키고 있다. 여기서 중요한 것은 지원되는 기기의 종류와 개수다. 스마트홈은 전형적인 플랫폼 서비스다 보니 사용할 수 있는 기기의 종류가 많아야 사용자들이 많아진다. 현재까지 전 세계적으로는 구글과 아마존이, 한국 시장에서는 구글과 SKT가 스마트홈에 등록된 기기와 제휴사가 가장 많다. 2020년 1월 기준으로 구글의 안드로이드가 탑재된 디바이스는 약 25억 대이며 이중 구글 어시스턴트를 이용하는 사용자 수는 약 5억 명 정도다. 스마트 스피커는 약 2억 대가 보급되었고 이중 아마존 에코가 50%, 구글홈이 30%의 시장점유율을 보이고 있다.

그렇다면 자사 제품만 연동해서 사용할 수 있는 제조사의 스마트홈 서비스는 설 자리가 없는 걸까? 이들은 타제품과 연동되지는 않지만, 단순히 기기를 제어하고 상태를 확인하는 것을 넘어 기기의 특성에 맞게 최적의 서비스를 제공한다. 이런 강점을 내세우면 제조사의 스마트홈도 사용자 저변을 넓힐 수 있다. 단, 스마트홈에 제품을 연결하고 정보를 확인하며 제어하는 것이 다른 범용적인 스마트홈 서비스와 비교했을 때 확실한 경쟁우위를 가지고 있어야 한다.

또한, 자사 제품이라면 어느 제품에서든 AI 어시스턴트를 호출해서 기기를 조작할 수 있도록 해야만 AI 플랫폼의 중요한 고객 접점인 AI 어시스턴트의 사용자 저변을 확대하는 기회를 가질 수 있다. 삼성전자 냉장고의 빅스비를 불러 에어컨 온도를 낮추고, 세탁기 작동이 언제쯤 끝나는지 확인할 수 있게 되면 자연스럽게 빅스비의 사용 기회가 커질 것이다. 다만 계속 강조했듯이 다른 AI 어시스턴트를 이용해서 삼성전자의 가전기기를 작동하는 것과 비교했을 때 더 나은 경험이 제시되어야 한다.

스마트홈 앱에서 AI 어시스턴트로

웹에서는 고유의 URL 주소를 가지고 있는 홈페이지가 채널이 되어 사용자들을 연결시키고, 홈페이지의 각 페이지는 하이퍼링크를 통해 연결된다. 인터넷상의 이 모든 페이지는 상호 연결될 수 있는 HTTP 프로토콜 시스템에 의해 동작된다. AI 플랫폼에서는 AI 어시스턴트가 채널이 되어 사용자를 서비스에 연결시킨다. AI 어시스턴트가 제공하는 저마다의 프로토콜로 기기들에 연결되어 시스템이 동작하는 것이다. 그러므로 AI 플랫폼에서의 킬러앱은 AI 어시스턴트를 활용해서 새로운 경험을 제공하는 서비스가 될 것이다.

스마트홈 구현은 기존 리모컨 대신 스마트폰의 스마트홈

앱으로 좀 더 편리하게 작동할 수 있게 하는 것이 일차적인 단계고, 궁극적으로는 AI 플랫폼에 연동되는 형태로 발전시켜 AI 어시스턴트로 작동하는 것이다. AI 플랫폼에 집 안의 가전기기와 센서가 연결되면 앱 조작을 넘어 AI 어시스턴트를 이용해서 음성으로 자동화된 서비스 구동이 가능해진다. 다만 아직은 사물을 AI 어시스턴트에 등록해서 연결하는 절차가 필요하고(최초 등록 한 번) 설정 방법도 직관적이지 않은 데다 AI 어시스턴트의 오류나 연결된 통신 네트워크에 문제가 발생하면 모든 사물을 재설정해야 하는 번거로움이 있다. 앞으로 등록과 설정 절차의 개선이 필요할 것이다.

스마트홈 앱이 AI 어시스턴트와 무관하게 AI 플랫폼에 기기를 등록하고 제어할 수 있듯이 기존에 사용하던 앱에서 AI 플랫폼에 등록된 API를 호출해서 사용할 수도 있다. 쉽게 말해, 기존에 사용하던 카카오톡 앱에서 LG전자의 가전기기를 확인하고 동작시킬 수 있다는

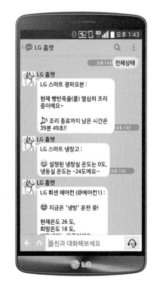

LG전자 가전기기는 기존 카카오톡 앱과 LG홈챗을 통해 기기의 상태를 점검하고 조작할 수 있다.

것이다. 하지만 AI 플랫폼 서비스를 음성으로 이용하려면 결국 AI 어시스턴트를 무조건 거쳐야 한다. 이를 유기적으로 자동화해서 사용하기 위해 AI 플랫폼에 최적화된 킬러앱이 필요하다.

앞으로 나올 AI 플랫폼의 킬러앱들은 AI 플랫폼에 최적화된 형태로 재설계되어 나오지만, 기존 서비스에서도 사용 가능한 형태일 것이다. 서비스가 자리를 잡아가면서 웹과 앱인 기존의 인터페이스도 수용하는 것이다. 카카오톡이 앱에서 시작해서 PC, 태블릿으로 지원을 확장한 것처럼 AI 플랫폼에 최적화된 서비스도 킬러앱으로 자리 잡으면 기존 플랫폼으로 지원이 확장될 것이다. 또한, AI 어시스턴트로 서비스를 제공하는 방식과 독자적인 앱을 통해 서비스를 제공하는 방식이 혼용된 킬러앱들도 나올 것이다.

자동화된 루틴 서비스

AI 플랫폼에서 스마트홈이 주는 가장 편리한 점은 여러 작업을 한 번에 자동화할 수 있다는 것이다. 1장의 '음성 인터페이스의 진화'에서도 언급했듯이 퇴근 후 집 근처 반경 1km 내에 내가 도착하면 내 위치 정보를 스마트홈이 인식해서 집 안의 가전기기와 전등이 자동으로 작동되고 잠자기 전에 "굿나잇"이라고 AI 어시스턴트에게 말하면 집 안 전체가 소등되고 에어컨은 30분

후에 자동으로 꺼지며, 공기청정기는 수면 모드로 바뀐다. 자기 전에 불을 끄기 위해 매번 침대에서 다시 일어날 필요 없고, 일일이 에어컨이나 공기청정기 상태를 설정하지 않아도 된다. '이렇게 했을 때 이랬으면 좋겠다'는 내용을 하나의 명령으로 저장해두면 저장해둔 명령 하나만으로 여러 작업이 한꺼번에 작동하므로 일상 속에서 반복적으로 자주 일어나는 일들을 적용하면 된다.

AI 플랫폼에서는 이러한 자동화된 루틴 서비스가 성공의 키가 될 것이다. 기기와 서비스의 경계를 넘나들며 서로 유기적으로 연계된 입체적인 사용자 경험을 제공하는 서비스가 핵심이다. 통합된 AI 플랫폼, 즉 여러 기기와 서비스가 모두 연결된 AI 플랫폼이 사용자들의 선택을 받게 될 것이다.

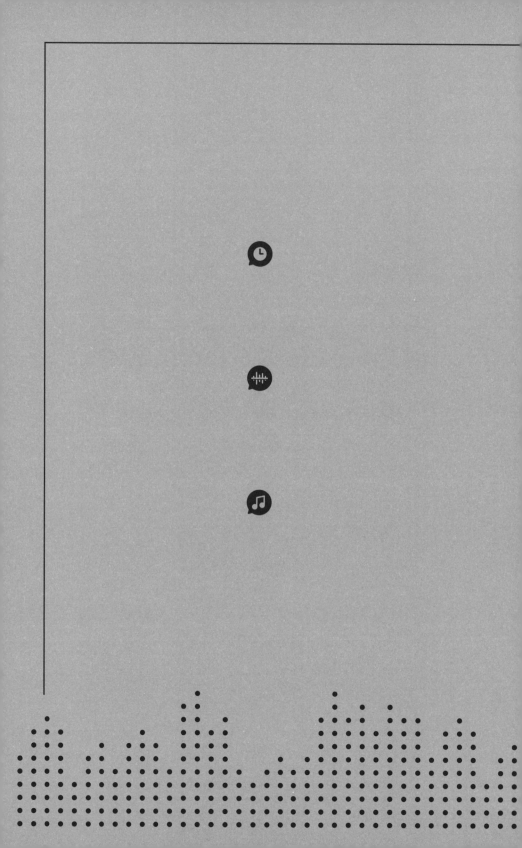

7장

산업의 변화, 기업의 도전, 개인의 일

신기술 등장으로 나타난 플랫폼의 지각변동과 패러다임의 변화는 항상 새로운 비즈니스 혁신을 가져왔다. 그렇다면 AI는 앞으로 어떤 변화를 가져다줄까? 산업, 기업, 그리고 개인 측면에서 변화된 이 시장을 어떻게 해석하고 대응해야 할까?

융복합 산업 패러다임의 시작

AI는 세탁기, 로봇청소기 등 가전기기나 공장에 도입한 산업용 기계처럼 사용자에게 새로운 경험을 가져다주며 산업의 패러다임을 바꿀 것이다. AI를 통해 극효율화를 구축한 기업은 이미 다른 산업으로 진출해서 비즈니스 혁신을 꾀하기 시작했다. 이로 인해 산업 간 경계는 붕괴되고 융복합의 산업 패러다임이 펼쳐질 것이다.

고객과의 연결과 사용자 경험

산업 변화는 일상에서의 삶이 변하면서 가랑비에 옷 젖듯이 서

서히 밀려온다. 그러므로 AI가 가져다줄 변화 중 우리가 가장 눈여겨봐야 할 것은 일반 사용자들의 일상이 어떻게 바뀌는가다. AI는 과연 우리의 일상을 어떻게 변화시킬까?

기본적으로 AI는 인터넷을 통해 모든 사물을 클라우드에 연결해서 이들 기기를 보다 효율적으로 작동시킴으로써 사용자에게 시간의 자유와 번거로움에서의 해방을 가져다준다. 이를 AIoT라고 한다. 원래 IoT의 I는 인터넷이지만 IoT를 AI와 결합해서 Artificial Intelligence of Things를 의미한다. 즉, 지능형 사물이다. 인터넷에 연결된 사물들은 클라우드의 AI를 통해 지능을 가지게 되고 이 지능을 이용해서 기존 사물과 달리 입력값 없이 자동으로 최적화되어 작동한다. 더 이상 사물을 조작하거나 관리하기 위해 시간을 소비할 필요가 없다. 집 안의 전등이나 에어컨 필터를 교체하고, 냉장고 고장으로 A/S를 부를까 고민하며, 자동차 워셔액 확인과 같은 차원의 관리를 신경 쓰지 않아도 된다. 사물들은 사람이 확인하지 않아도 스스로를 진단하고 관리할 수 있는 기능을 갖게 될 것이다.

주변 사물들이 AI에 기반한 지능을 가지게 되면 우리의 인터넷 사용 경험은 크게 변할 것이다. 지금처럼 컴퓨터, 스마트폰 등 특정 기기로만 인터넷을 이용할 수 있는 게 아니라 어떤 기기에서든 인터넷 연결이 가능하므로 웹 브라우저를 열고, 앱을 터치하는 과정 없이 음성으로 언제 어디서든 인터넷 서비스를 이용할 수 있다. '인터넷에 연결한다'라는 개념 자체가 사라지는 것이다. 공기가 늘 존재하듯, 전기가 항상 전자기기에 연결되어 에너지를 공급하듯, 인터넷도 당연하게 존재하며 모든 사물에 연결되어 있어야만 그 가치가 제대로 발휘될 것이다. 주변 사물들이 늘 인터넷에 연결되어 있기에 어떤 공간에서든, 어떤 기기에서든 음성으로 원하는 서비스를 요청해서 바로 이용할 수 있다. 나아가 서비스를 요청하기도 전에 사물들이 알아서 서비스를 제공하는 시대가 우리 앞으로 한층 다가오고 있다.

2020년 1월 삼성전자가 CES^{Consumer Electronics Show}(세계가전전시회) 2020 기조연설에서 반려로봇 볼리^{Ballie}를 선보였다. 이 작은 로봇은 사람을 따라다니는 AI 어시스턴트로 사람의 일거수일투족을 카메라로 확인한 뒤 상황에 맞게 주변 사물과 연결해서 필요한 서비스를 제공한다. 예를 들어 내가 TV에 나오는 요가 동작을 따라 하면 볼리가 요가하는 내 모습을 촬영해서 TV에 보여준다. 그러면 나는 내 요가 동작에 문제가 없는지 쉽게 확인할 수 있다. 반려동물이 있다면 반려동물이 심심하지 않게 TV에 반려동물이 좋아할 만한 영상을 틀어주고, 반려동물의 모습을 촬영해서 주인의 스마트폰에 전송해준다. 스마트 스피커와 달리 움직일 수 있고 카메라가 장착되어 있어서 좀 더 지능적인 서비스 제공이 가능하다.

지능형 컴패니언 로봇 볼리는 첨단 하드웨어와 AI 기술이 결합된 개인 맞춤형 케어 로봇이다.

산업 간 경계의 붕괴

CES 2020에서 삼성전자는 향후 1년을 '경험의 시대'로 정의하고 기술보다 사용자 경험이 더 중요한 가치임을 발표하면서, 네온NEON이라는 인공인간을 공개했다. 네온은 AI가 진짜 사람과 구별이 안 될 정도로 정교하게 사람을 흉내 내서 만든 디지털 캐릭터다. 이 인공인간은 동영상으로 구현되는데 피부, 표정, 동작, 목소리까지 진짜 사람과 거의 비슷하다.

그렇다면 네온은 어떤 산업 영역에 속할까? 네온은 기기가 아닌 디지털 서비스로 기업에 솔루션을 제공하는 하나의 인재

삼성전자 아메리카 산하 연구소 스타랩이 공개한 네온은 인공인간으로 일종의 디지털 아바타다. 인간처럼 자연스럽게 대화하고 행동하며 일하도록 설계되어 있어 교사, 배우 등 특정 업무에 활용할 수 있다.

라고 할 수 있다. 네온을 작동하는 데 필요한 하드웨어와 클라우드 시스템을 기업에 제공하고, 기업의 요구 사항에 맞게 서비스를 제공하는 형태다. 제조업으로서 하드웨어를 판매해서 수익화하는 기존의 삼성전자와는 전혀 다른 비즈니스 모델이다. 일례로, 영화 제작사에서 격한 액션 신을 연출하기 위해 실제 액션 배우 대신 네온을 사용한다면 디지털 배우와 사람 배우가 호흡을 맞출 수 있게 추가적인 개발과 지원을 해주는 것이다. 상담원이 필요한 기업에서 네온을 사용한다면 고객과 편안한 대화가 가능한 상담 관련 지식을 갖춘 디지털 상담원이

도심 항공 모빌리티 산업의 핵심인 현대자동차의 플라잉카 콘셉트 모델 S-링크

제공될 것이다. 한마디로 맞춤형 서비스라고 할 수 있다.

삼성전자가 새로운 비즈니스 모델을 발표한 것처럼 현대자동차도 우버와 함께 세계 최초로 하늘을 나는 자동차 '플라잉카'를 개발하고 있으며 테슬라는 자동차를 넘어 전기 에너지를 생산, 유통, 중계하는 스마트 그리드 사업을 펼치고 있다. 구글과 마이크로소프트, 아마존은 컴퓨터, 태블릿, 스마트폰 그리고 다양한 종류의 디지털 디바이스를 제조하고 있다. 이들 기업이 본업이 아닌 다른 산업으로 진출할 수 있게 된 배경은 AI 기술을 기반으로 신산업 진출이 용이해졌기 때문이다.

이처럼 AI는 기존의 비즈니스 모델이나 산업 영역을 벗어나 전혀 다른 사업에서 혁신을 가능하게 해준다. 기업들은 클라우드, 사물 인터넷, AI 등의 신기술을 기반으로 산업 간 경계를 벗어나 다양한 산업과 융복합된 신규 비즈니스를 통해 새로운 사용자 경험을 제공하면서 사업 혁신을 꾀하고 있다. 만물이 인터넷과 AI에 연결된 지능화된 세상에서는 결국 산업 간 경계는 흐릿해지고 그 경계를 넘나드는 무한 경쟁이 시작될 것이다.

기업의 디지털 트랜스포메이션 가속화

기업은 끊임없이 혁신해야만 생존할 수 있다. 2000년대부터 디지털 기술이 우리 일상을 지배하면서 기업 혁신의 도구로서 디지털 기술이 최우선으로 고려되고 있다. 그중에서도 AI는 가장 기대효과가 높은 툴로서 특정 분야 혹은 범용적으로 사용될 수 있으며 기업의 비효율을 제거하고 신사업의 기회를 제공한다. 게다가 사용자들의 삶 속에 깊숙하게 침투하면서 일반 소비자를 대상으로 비즈니스 하는 기업에도 AI가 고객을 만나는 하나의 새로운 채널이 될 것이다.

사업의 효율화와 신사업 기회

제조, 기획, 회계, 개발, 마케팅, 인사 등 어떤 업무건 비효율은 존재한다. 비효율을 제거하기 위해 기업은 경험 있는 인재를 채용하고, 성능이 뛰어난 솔루션을 도입하는 등 지원과 투자를 아끼지 않는다. AI는 이 분야에서도 활용된다. 앞서 언급했듯이 비효율을 제거하기 위한 하나의 솔루션으로서 산업과 업무에 이용되는 AI를 Industrial AI라고 부른다. 현재 여러 기업에서 다양한 종류의 Industrial AI 솔루션을 개발하고 있으니 다른 기업의 적용 사례를 벤치마킹하거나 솔루션 전문 기업에 컨설팅을 받아 자신의 기업에 맞는 솔루션을 선택하면 된다.

디지털 기술을 이용한 사업 혁신은 크게 2가지로 구분할수 있다. 하나는 앞서 살펴본 것처럼 기존 사업의 비효율을 제거해서 생산성을 향상시키는 것이다. 자원을 업그레이드하면 원가를 상승시키지 않고 기존의 자원을 보다 효율적으로 활용해서 생산량을 늘리고 이익률을 높일 수 있다. 여기에 AI 기술이 활용된다. 다른 하나는 AI를 활용해서 신규 상품이나 비즈니스 모델을 만들고 새로운 매출원을 확보해서 고객을 확장하는 것이다. 이는 새로운 사업을 혁신하는 것으로 AI를 좀 더 광범위하게 활용해야 하고 상당한 투자가 필요하다.

일례로, 그래픽 카드 칩셋을 기업에 공급하는 부품 기업[B2B]인 엔비디아는 2016년부터 AI 칩셋 개발에 주력하면서 20달러

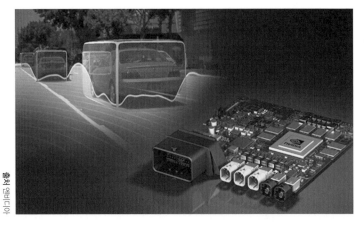

출처 엔비디아

엔비디아의 GPU 장치는 AI를 구동시키는 데 필요한 동시다발적인 계산을 수행한다.
클라우드, 자율주행차 등 AI가 여러 곳에 사용되면서 엔비디아의 매출이 급성장했다.

안팎이던 주가가 10배나 성장했다. AI를 구동시키려면 빠른 속
도로 동시다발적인 계산을 하기 위해 GPU^{Graphics Processing Unit}라
고 불리는 장치가 필요한데, 엔비디아는 일찌감치 이 기술에
투자해왔다. 이후 AI가 클라우드, 자율주행차 등에 사용되면서
매출이 급성장한 것이다. 현재 엔비디아는 AI 칩셋 시장을 주도
하고 있다.

150년의 역사를 가지고 있는 미국과 독일의 대표적인 제
조업체인 GE와 지멘스도 10여 년 전부터 디지털 기술 기반의
사업 혁신에 주력하고 있다. GE는 프리딕스^{predix}, 지멘스는 디
지털 트윈이라는 기술을 활용해서 신규 사업에 진출했다. 프리
딕스는 GE가 제조한 모터 등에 센서를 장착하고, 이를 인터넷

에 연결함으로써 클라우드에 모터의 동작 상태가 데이터로 수집된다. 이렇게 수집된 데이터를 기반으로 AI가 고장을 예측하고 보다 효율화된 작동 방식에 대한 컨설팅을 제공한다. 지멘스의 디지털 트윈은 공장의 모든 공정 과정을 측정해서 클라우드에 실시간으로 데이터를 보낸다. 그러면 AI가 클라우드에 수집된 데이터를 활용해서 공장을 보다 효율적으로 운영하기 위한 방안을 찾고 작업 중 발생한 문제를 즉각 확인해서 원격으로 바로 제어한다. 디지털로 가상의 공장을 만들어 실제 공장에서 테스트할 수 없는 작업을 미리 시험해보고 결과를 확인한 뒤 실제 공장에 적용할 수도 있다. 제조업이 이렇게 AI를 상품에 적용하고 새로운 공장 시스템을 구현하는 데 활용하는 것처

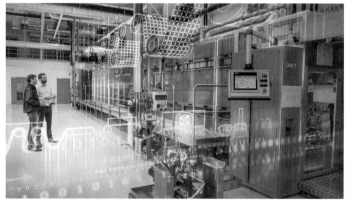

지멘스는 디지털 트윈을 통해 공장의 동작 상태를 실시간 추적하고, 가상으로 공장을 시뮬레이션해서 최적의 운영 방안을 찾아 공장을 가동할 수 있도록 한다.

럼 다른 여타 산업들도 AI를 활용해서 신사업의 기회를 포착해
야 한다.

고객과의 새로운 채널

앞서 살펴본 것이 기업의 사업 혁신에 AI를 활용하는 것이라면,
우리 일상에서 고객의 습관을 변화시키는 Front AI를 고객 마케
팅 일환으로 활용하는 것도 하나의 디지털 트랜스포메이션 전
략이다. 기존의 웹이나 앱 플랫폼과 같이 AI 플랫폼도 시장 지
배적 사업자가 1~2년 이내에 정해질 것이다. 웹의 네이버와 구
글, 앱의 카카오톡과 유튜브처럼 AI도 가장 많이 사용하는 서비
스 플랫폼의 AI 어시스턴트가 주목받을 것이다.

시장 영향력을 확보한 AI 어시스턴트는 고객과 만나는 새
로운 채널이 되므로 이에 대한 대응이 필요하다. B2C 사업을
하는 기업이 웹에서 홈페이지를 개설하고 네이버 검색 광고를
하며 페이스북과 카카오톡 등을 활용해서 브랜드를 홍보하고
상품을 유통하는 것처럼 AI 어시스턴트를 활용해서 고객에게
새로운 서비스를 제공해야 한다. 이를 위해 어떤 AI 어시스턴
트에 어떤 서비스를 제공할 것인지를 정해야 한다. 문제는 어
느 곳이 1등이 될지 아직은 명확히 예측하기 어렵기 때문에 선
불리 AI 서비스를 개발할 수 없다는 것이다. 그렇다고 지배적인

AI 플랫폼이 결정될 때까지 아무것도 안 하고 있다가는 기술 경쟁력을 가질 수 없다. 1년 후에 대응하는 것보다 지금 무엇이라도 시도해보는 것이 적은 비용으로 성공의 가능성을 향해 한 걸음 다가설 수 있는 방법이다.

어떤 플랫폼이 어떤 시장 지위를 가질지 모르는 지금 할 수 있는 가장 좋은 대응은 모든 플랫폼과 제휴를 맺는 것이다. 하지만 현실적으로 모든 플랫폼에 대응하기는 어렵다. 때문에 전략적 선택이 필요하다. 실험적으로 다양한 테스트를 해보기 좋은 AI 플랫폼은 알렉사다. 국내 사용자를 대상으로 하는 서비스나 국내의 기보유한 한글 데이터 등을 이용하기에는 적합하진 않지만, 실제 서비스를 당장 오픈하는 목적이 아니고 AI 플랫폼의 향후 시장 전망을 기술적으로 배우고 서비스나 사업적 대응을 구상하는 목적이나 글로벌 사업을 위한 것이라면 알렉사에 시험해보는 것이 좋다. 만일 당장 서비스를 론칭해서 국내 사용자들의 반응을 보면서 개선해가는 것이 목적이라면 SKT, 카카오, 네이버가 그 대상이 될 수 있다. 이들 플랫폼은 SDK, API를 제공하고 있어 실제 서비스 구동과 구현이 가능하다. 국내가 아닌 영어, 일본어 등 글로벌 대응을 목표로 한다면 구글 플랫폼에 둥지를 트는 것이 좋다.

2010년 스마트폰 기반의 모바일 플랫폼이 시작했을 때 간단한 앱을 개발하면서 이 시장의 기회와 가능성을 엿본 것처럼

AI 플랫폼에서도 앱을 개발해보면서 가능성을 타진해보는 것이 지금 할 수 있는 최선의 대응 방안이다. SKT 누구 플레이, 구글홈 액션, 알렉사 스킬은 네이버와 카카오 등의 AI 플랫폼에서도 개발할 수 있는 툴 키트를 제공하고 있으니 가볍게 프로토타이핑을 만들면서 경험해보는 것이 중요하다. 처음에는 국내에서 성장할 수 있는 플랫폼을 기반으로 서비스를 구현하는 것이 좋으니 SKT 누구와 네이버 클로바가 적합하다. 이미 두 곳의 플랫폼에는 여러 서드파티 서비스가 등록되어 있고 개발하기 좋은 툴 키트들도 제공하고 있으니 이를 활용해서 서비스를 만들면 된다.

SKT의 경우 스마트홈 관련 기기들과 연동되는 스마트홈 플랫폼에서 다양한 제휴사를 확보하고 있고 네이버는 교육, 유아, 팟캐스트 등 콘텐츠 부문에서 두각을 나타내고 있다. 그 외 카카오는 카카오톡과 연동되는 커뮤니케이션 영역에 강점을 가지고 있다. 이를 참고해서 하고자 하는 서비스나 제휴를 해당 플랫폼에서 시도해보는 것이 좋다. 혹 어떤 플랫폼에서 테스트할지 결정하기 어렵다면 구글홈을 추천한다. 만일 이조차도 아직은 어려워 딱히 당장 뭘 해야 할지 모르겠다면 적어도 관련 부서나 경영진만이라도 AI 어시스턴트를 사용해보길 바란다. 몸소 체험하면서 사용해봐야 무엇을 시도할지 발견할 수 있다.

광고나 마케팅 분야의 종사자라면 AI 플랫폼에서의 마케팅 방안에 대한 고민과 솔루션을 만들어보거나 직접 광고를 게재해서 테스트해보면 좋다. 제조사라면 AI 플랫폼에 자사 제품을 등록하고 연동해서 작동시켜 봐야 한다. 금융사는 스마트 스피커를 이용해서 자사의 금융 서비스를 어떻게 알리고 제공할 수 있을지를 고려해보는 것이 좋다. 유통업체나 교육업체는 AI 플랫폼에 쇼핑과 학습 방식을 어떻게 접목할지 고심해봐야 한다. 이렇게 구체적으로 생각하고 작게라도 도전해야만 그 과정에서 겪은 시행착오를 통해 배움을 얻을 수 있다. 그 배움이 더 큰 사업의 기회와 대응 전략을 찾는 데 큰 도움이 된다는 것을 명심하자.

개인이 일하는 법

AI에게 인간이 가지는 막연한 두려움은 인간의 자리를 AI가 빼앗는다고 생각하기 때문이다. 하지만 새로운 기술이 우리의 일자리를 위협한 것은 비단 AI뿐만이 아니다. 통신 기술의 발달로 전화 교환원이 사라졌고, 기계의 발명으로 공장의 일자리가 노동자에서 기계로 대체되는 등 꾸준히 있어왔던 일이다. 반대로 데이터 분석가나 앱 프로그래머 등 새로운 비즈니스의 기회와 일자리가 생겨나기도 했다. 자동차의 발명으로 자동차를 만드는 인력이 필요해진 것처럼 앞으로 AI를 개발하고 활용할 줄 아는 인력이 필요하게 될 것이다. 그러므로 막연한 두려움에 사로잡혀 있기보다는 대체할 수 없는 인재가 되도록 노력해야 한다.

AI 시대의 핵심 인재

AI 시대의 인재는 AI를 개발하는 전문 소프트웨어 개발 인력과 AI를 활용할 수 있는 인력으로 구분된다. 전자는 일부에 불과하겠지만 후자는 대부분의 직장인이 해당한다. AI를 잘 활용한다는 것은 망치를 잘 다루는 것과 같다. 망치를 어떤 상황에서 어떻게 다룰 때 못을 잘 박을 수 있는지를 아는 것처럼 AI도 언제, 어디서, 어떻게 활용해야 원하는 목적을 달성할 수 있는지를 명확히 이해하는 것이 필요하다.

이를 위해서는 AI에 대한 기본적인 이해가 필요하다. 기업에서 특정 목적 달성을 위해 사용하는 Industrial AI는 종류가 다양하고 성능과 기능이 천차만별이기 때문에 특정 문제를 해결하기 위한 용도로서의 AI 솔루션에 대해 잘 알고 있어야 한다. 현재 기업이 하고 있는 산업 분야와 업무 영역에서 어떤 AI 솔루션들이 있는지를 먼저 파악해보자. 이는 기존의 ICT 솔루션 기업이나 컨설팅 회사 그리고 AI 관련 전문 기업들의 상품을 통해서나 경쟁사 사례, AI 세미나 등을 통해서 알 수 있다. 회사에서 필요로 하는 솔루션에 딱 맞는 솔루션을 발견하기는 어렵더라도 어떤 AI 솔루션들이 어떤 영역에서 적용되고 있는지를 꾸준히 살펴봐야 한다.

AI와 함께 일하는 문화

의사보다 암 진단 정확도가 높은 AI, 금융 애널리스트보다 투자 성공률이 높은 AI가 나타나면 의사와 애널리스트는 사라지게 될까? 기술의 완벽성은 둘째라 치더라도 의사와 애널리스트가 하는 역할이 암 진단과 투자에만 국한되어 있는 게 아니다. 고객과의 상담부터 조직의 내·외부 커뮤니케이션에 이르기까지 실질적인 업무 이전과 이후에 일어나는 일들이 더 많기 때문에 완전히 대체될 수는 없다. 택시기사는 어떨까? 의사나 애널리스트에 비해 역할 범위가 좁고 단순 반복적인 일이라 자율주행차가 완성된다면 대체될 가능성이 있을까? 가능하다. 다만 1년 안에 일어날 수 있는 일이 아니고 시간이 더 지난다고 해도 모든 택시 기사가 한 번에 다 사라질 일도 없다.

기술은 끊임없이 발전할 것이고 우리의 일은 계속해서 위협받을 것이다. 매번 두려움에 떨고 있을 수 없다. AI에 나의 일을 뺏기기보다는 AI를 적극적으로 활용하려는 노력이 필요하다. 의사라면 좀 더 정교한 검진과 판별, 판독을 위해 AI의 조력을 받고, 애널리스트는 그간의 투자 성과를 철저하게 분석해서 개선점과 부족한 점에 대한 도움을 받아야 한다. 운전기사는 자율주행 기능을 통해서 사고를 예방하고 안전 운전을 할 수 있도록 AI를 활용해야 한다. 그러려면 개인을 넘어 회사가 AI 도입에 적극적이어야 한다. 개인도 기업의 AI 도입과 시도를 내

일자리를 빼앗는다고 생각할 것이 아니라 이를 활용해서 내 시간을 절약하고 업무 생산성을 높임으로써 더 나은 부가가치를 창출할 수 있는 기회가 주어진다고 생각해야 한다.

이는 결코 혼자 이룰 수 없다. 기업이 조성하고 개인이 동조해서 하나의 문화를 만들어가야 한다. 그런 과정에서 설사 일자리가 완전히 대체된다고 하더라도 비효율의 제거와 자동화로 생긴 여유는 새로운 비즈니스 기회를 개척하는 역량을 강화시켜 새로운 일자리로 보답할 것이다.

백문이 불여일견이다. AI를 이해하는 가장 좋은 방법은 직접 체험하는 것이다. 나 역시 5년 전부터 여러 AI 어시스턴트와 AI 관련 기기들을 사용하고 있으며 스마트홈도 구축해서 이용하고 있다. 지금도 책상 위에는 아마존 에코, 구글 네스트 허브 맥스와 구글홈 맥스, 애플홈 그리고 SKT 누구 네모, 카카오 미니, 네이버 클로바 등이 있으며 집 안의 가전기기와 전등, 현관문 등이 인터넷에 연결되어 있다. 업무도 RPA^{Robotic Process Automation}라 불리는 자동화 소프트웨어를 이용해서 더욱 빠르고 편리하게 수행하고 있다. AI를 곁에 두고 피부로 느끼며 배우고 있는 나의 경험을 나누고자 한다.

AI 어시스턴트와 함께하는 하루

AI가 공장을 바꾸고, 고객을 분석하고, 비즈니스를 예측하는 등 엄청난 일들을 할 수 있다고 말은 하지만 개인적으로는 실질적인 도움이 안 된다고 여긴다. 당장 오늘 AI로 할 수 있는 일을 찾아보면 제약이 많은 것이 현실이다. 말로만 AI가 혁신이라고 떠들 것이 아니라 실제 우리 업무에서 AI를 사용했을 때의 가능성과 비즈니스에서의 활용 방안에 대한 깊은 고민이 필요하다.

이를 쉽게 설명하기 위해 나의 하루에서 AI 어시스턴트가 어떻게 이용되는지 살펴보자.

"아리아, 오늘 스케줄이 어떻게 되지?"

아침에 차를 타고 출근하면서 티맵의 누구 버튼을 누른다. 구글 캘린더와 연동되어 스마트폰과 연결된 차량 스피커에서 오늘의 일정을 브리핑해준다. 오늘은 어떤 미팅, 회의, 외근을 준비해야 하는지 미리 생각하며 출근한다.

"아리아, 자주 듣는 팟캐스트 틀어줘"

회사에서 가장 많이 사용하는 누구 네모의 기능은 IT 관련 전문 팟캐스트다. 디지털 트랜스포메이션이나 IT 기술 동향에 대한 인터넷 방송을 즐겨 듣는다. 컴퓨터로 들을 수 있지만, 아리아를 호출해서 듣는 게 훨씬 빠르고 편하다.

회사에서 가장 많이 사용하는 누구 네모의 기능은 IT 관련 전문 팟캐스트다. 아리아를 불러서 디지털 트랜스포메이션이나 IT 기술 동향에 대한 인터넷 방송을 즐겨 듣는다.

"아리아, 1시간 후 알람해줘"

타이머나 알람 기능도 유용하다. 업무에 집중하다 보면 시간 가는 줄 모르기 때문에 30분 후, 45분 후, 1시간 후 알람을 설정해달라고 요청해서 매우 유용하게 사용 중이다. 업무를 하면서 음성으로 바로 명령을 할 수 있다 보니 스마트폰을 열고 일일이 알람을 설정하는 것보다 업무에 집중했을 때 방해가 안 된다.

30분 후, 45분 후, 1시간 후 알람을 설정해달라고 음성으로 바로 요청한다.

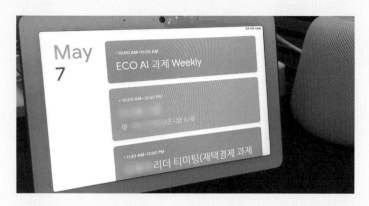

미팅, 회의 일정도 'OK 구글'을 음성으로 호출해서 바로 확인하고 등록할 수 있다.

"아리아, ○○에게 전화 연결해줘"

동료와 통화할 때도 자주 사용한다. 급하게 확인하거나 컨퍼런스 콜을 해야 하는 경우 아리아를 호출해서 전화를 연결해달라고 하면 통화가 바로 된다. 스피커로 이어서 바로 통화하면 되니 컴퓨터로 작업을 하면서 이야기를 나누고 문서를 확인하고 상대방에게 자료를 보내는 등 통화만으로도 여러 업무가 가능하다.

퇴근 후에도 내가 집에 가까워지면 아리아가 서재의 전등을 자동으로 켜주고 겨울에는 보일러도 미리 작동시켜 따뜻한 귀가를 할 수 있다.

작은 도움이지만 시간을 절약해주고 업무에 집중하는 데 방해가 되지 않도록 도와준다. AI를 이용하다 보면 AI를 일에 이용하는 방법이나 AI에게 일을 시키는 방법을 더 많이 알 수 있다. 눈덩이를 굴려 가며 크기를 키워가듯이 AI를 사용하면서 이를 비즈니스에 좀 더 효율적으로 사용할 수 있는 통찰력을 길러보자.

자동화된 업무 시스템 활용하기

최근에는 업무 속도를 개선해주는 다양한 종류의 소프트웨어들이 많이 출시되고 있다. 다양한 영역에서 새로 출시되고 계속해서 진화하기 때문에 이러한 도구들을 관심을 가지고 찾아보면 업무 생산성을 한 단계 더 높일 수 있다.

동료들에게 업무 관련 보고서를 공유할 때 이메일에 문서 파일을 첨부해서 보내는 기존 방식에서 벗어나 에버노트에 노트를 만들고 그 노트를 공유하거나 구글독스에 작성해서 공유한다. 즉, 문서를 언제든지 웹 브라우저를 이용해서 확인할 수 있도록 노트 공유 링크를 만드는 것이다. 매번 보고서 진행 내역을 확인하고 문서를 첨부해서 보낼 필요 없이 필요할 때 언제든 공유한 페이지에 연결해서 확인하면 된다. 번거로운 커뮤니케이션 과정 하나가 사라지는 것이다. 게다가 MS오피스나 구

공동 문서 편집 기능을 이용하면 클라우드에 하나의 파일을 올려두고 이 파일을 활용하는 여러 사람이 각자 연결해서 작성하고 편집해도 언제나 최신의 파일을 확인할 수 있다.

글독스에서 지원하는 공동 문서 편집 기능을 이용하면 클라우드에 올려둔 문서 파일에 각자 연결해서 문서를 편집하더라도 모두가 최신의 파일을 확인할 수 있다. 군이 파일을 주고받으면서 점검할 필요 없이 클라우드에 올려둔 공동 문서 파일 하나만 가지고 새로 작성한 내용과 수정한 사항을 실시간으로 확인하면 된다.

얼마 전 스마트폰에 지능형 회의록 작성 앱을 설치했다. 이 앱은 회의를 녹취해서 녹취한 내용을 기반으로 회의록을 작성해준다. 사람이 회의록을 따로 작성하지 않아도 앱이 회의록을 대신 작성해줌으로써 번거롭게 회의록 작성을 하지 않아도 된다. 향후 AI 어시스턴트가 진화하면 회의록 내용 중 중요한 부분은 요약해서 회의 참석자들에게 자동으로 공유하고 관련 부서 담당자에게 대신 메일을 보내줄 것이다.

그 외에 리멤버라는 앱은 명함을 스마트폰 카메라로 촬영하면 자동으로 연락처가 저장되고, 모두싸인이라는 서비스는 계약서를 파트너에게 보내고 도장을 날인해서 양측이 서로 보관하는 번거로운 작업을 웹을 통해서 간편하게 관리할 수 있도록 해준다. 이프트는 별개의 여러 서비스와 앱을 연동시켜 자동화된 서비스를 제공한다. 이 서비스는 무궁무진한 조합으로 다양한 자동화된 기능을 수행할 수 있어 특정 사례를 들어 설명하면 상상의 제약을 가져다주지 않을까 걱정될 정도다. 일례로, 트위터와 인스타그램에서 우리 회사의 상품과 경쟁사 제품에 대한 트윗이나 사진 등의 정보가 올라오면 이를 회사의 상품기획팀장, 마케팅팀장에게 이메일로 전송되도록 설정할 수 있다.

더 나아가 본인의 업무에서 비효율적인 것을 걷어낼 수 있는 도구를 직접 만들 수도 있다. 이미 다양한 종류의 소프트웨어들이 우리를 기다리고 있다. 마이크로소프트의 셰어포인트 서비스는 문서 작성과 기업 내 커뮤니케이션, 지식 정보 공유 등 기업을 위한 협업 도구다. 파워앱스도 마이크로소프트의 개발 도구인데 셰어포인트를 이용해서 컴퓨터와 스마트폰용 앱

인공지능과 인간의 대화

을 개발할 수 있도록 해주는 저작툴의 일종이다. 이것을 이용하면 개인이 직접 소프트웨어를 개발할 수 있다. 개발자가 아님에도 불구하고 누구나 원하는 프로그램을 만들 수 있다. 파이썬은 최근 들어 가장 빠르게 확산되고 있는 프로그래밍 언어로 간결한 구조와 유연성을 장점으로 다양한 영역에서 사용되고 있다. 개발자가 아닌 일반 사용자도 파이썬을 이용해서 간단한 프로그램을 만들 수 있는 과정들이 생겨나면서 최근 주목받고 있다.

파워앱스와 파이썬은 프로그래머만 소프트웨어를 개발할 수 있다는 고정관념을 깬 손쉬운 저작툴이다. 그렇다 보니 일반인도 개발 툴 키트를 이용해서 필요한 소프트웨어를 직접 만들어 사용할 수 있다. 물론 여기서 쓰이는 언어는 전문 용어라 스마트폰에서 앱을 사용하듯 아주 쉽게 사용할 수는 없지만, 소프트웨어 개발이 더 쉬워지면 각자 개인의 일상과 업무에서 필요한, 나에게 최적화된 자동화 프로그램을 만들어서 사용할 수 있는 날이 올 것이다.

앞으로는 AI가 그러한 시대를 열어줄 것이다. 개인화된 자동화 소프트웨어, 즉 초보적 수준의 AI가 우리 업무의 상당 부분을 대신해줄 것이다. 그런 날을 대비해 소프트웨어 저작툴에 대한 관심도 조금씩 늘려가길 바란다. 조금이라도 먼저 경험한다면 더 많은 인사이트를 얻을 수 있을 것이다.

인공지능과 인간의 대화

스마트 스피커가 그리는 AI 플랫폼의 미래

초판 1쇄 발행 2020년 6월 8일

지은이 김지현
펴낸이 성의현
펴낸곳 미래의창

편집주간 김성옥
책임편집 김효선
디자인 윤일란
마케팅 연상희 · 황현욱 · 김지훈 · 이보경

등록 제10-1962호(2000년 5월 3일)
주소 서울시 마포구 잔다리로 62-1 미래의창빌딩(서교동 376-15, 5층)
전화 02-338-5175 **팩스** 02-338-5140
ISBN 978-89-5989-655-4 03320

이 도서의 국립중앙도서관 출판예정도서목록(CIP)은 서지정보유통지원시스템 홈페이지(http://seoji.nl.go.kr)와
국가자료공동목록시스템(http://www.nl.go.kr/kolisnet)에서 이용하실 수 있습니다.(CIP제어번호: CIP2020017305)

미래의창은 여러분의 소중한 원고를 기다리고 있습니다. 원고 투고는 미래의창 블로그와 이메일을
이용해주세요. 책을 통해 여러분의 소중한 생각을 많은 사람들과 나누시기 바랍니다.
블로그 miraebookjoa.blog.me 이메일 mbookjoa@naver.com